BLACK HISTORY WORD SEARCH PUZZLE BOOK

THIS BOOK BELONGS TO

BLACK HISTORY WORD SEARCH PUZZLE BOOK

HOW TO USE THIS BOOK

This book is a celebration of Black People History, If you are interested in this subject this word search puzzle book will help you with a verity of subjects related to black history, it will help you have fun and get a lot of informations.

The words are placed horizontally, vertically or diagonally. All you need to do is find the words. A common strategy for finding all the words is to go through the puzzle left to right (or right to left) and look for the first letter of the word you search.

After finding the letter, one should look at the eight surrounding letters to see whether the next letter of the word is there.

Have fun!

AFRICAN COUNTRIES #1

```
Y E S E L L E H C Y E S H A Y I K E L A F M W G L N C S J G
F X E Y N B W H K J J L O D V E T U P W H L H E D A J M A Q
W B H N G Z U R V G W K R F B H M C I S T L I J D K K V W
V D Q V K D A I R E G L A I J U K Q W H H Z E K R U W D A J
G B Z W P A S A T L K F G H T B E G P P O F K R H S X P V Q
A E A Q W H N Y E I Q K T L W R A I J S C U T U N I S I A E
U I P V K M U A T U D K I A L R Q J Y N F R Z K M K P N R U
H X P W F Z A D H W Z L B X E W Q T W R R R P W A I T D C A
N L O I P K D D R G J I T R A D H D A P F J I H D C K N F E
H M F B A Q A C S Z E U Y E W U D N K B L N X E C O A U Q F
J M P Z N B G C I L B U P E R N A C I R F A L A R T N E C Q
N A I G A D X X I K I Z C A I W O L A S R F H O I D T O Z M
P U A T B U W H T Y R J L Z S G X N W O W D H A C J T N M X
F R A C A L J S G B B N L T O X O D R Y O Q N X U Z A S Z V
F I U G J L G I G Y H U O T E K N E W E I S N A J B U B K G
Q T A Z S K O C O R X B R C F Z G J J Y R E S P R D X W F U
I A C Y I V R G U U I Y H U L I P K W D D S X S E N L Y V V
P N Z V F K Y L N I N F Y M N O X Q N R I O U O X N L Y D X
U I E B R Y U P B A F B R I J D Q V E B Z U L U C V C B T D
J A L A O E T A H J M X Q R A X I V - S U G X T I W C U K M
S O U T H A F R I C A M D Z R C E A O K M C D H T M L O E E
C K X R M E B D O S L O K Q T P E E R P Y O S S A L N T E T
N E R V I E L G C V R O A X A N B Q O P U I X U N A G T D A
I N K T F O R C P U T D Z C I Y K G I Z R F R D Z Z B Z X P
W Y O S J N V N T E Q O U U E U M K L I C M U A A F Z B S G
X A T F J Z V B S V S A G I H J K N V T E V M N N N I G N V
N J N L A M K R D C X L S X A S I P Q F J S P B I C H Y V V
L A P C V Y U P Q G C Q X G F I B N F S X Z F P A M R J U A
V P B H A M Q M T R D W F I X H T S Y N F D G E G R D R U X
E F O C V T E T K V L K X P Z M L L Z B O E H X V P B A M V
```

Word List

ALGERIA	CAPE VERDE	NIGER
CENTRAL AFRICAN REPUBLIC	SOUTH SUDAN	KENYA
ANGOLA	TANZANIA	GUINEA-BISSAU
SEYCHELLES	TOGO	BURUNDI
MAURITANIA	SOUTH AFRICA	SUDAN
GHANA	BOTSWANA	TUNISIA

AFRICAN COUNTRIES #2

```
N O G D K F K A M G H K H E X B G M S E W V Y R E W X I L W
E I T G B L Y K P W K N C S Q D J L E J B A N V M G U N U I
I T A T W I D P Q N K L J U B K Y L C O M O N A N R U B V F
V V A G R B H T Q Q Y N A A L A B G H Y O W U I X P K O L W
S K B X V Y D Q O C G T D N O A P P F U K S S B V U U C G R
S J P Q O A R A E V I I H L K E P E G W I G U M C X J P Y X
Z A H F V P I Q G U I N E A R T Z J Z J B M A A D B S H Q Y
A S S N M L B Z L O O T A O V Z S O B Q V E S G J J W V T U
A J P B X N J R D H Y T G H V O U F O D M K E T Y R C S B S
V S C W D K L N W M I N Z J C H N P A I B D E Z S M D O Z D
X S C M I H C T E A O J O L A G E N E S A I N T H E L E N A
E G P Q J X M R V C N B A N G A A D W C R U O B R N H G F U
B Y Q M I O X C I V B D D E S S L V G I F V Z T A H Q D O V
E M L R H X K T Z H S U A R N N E Z D H K Q P T C A P I M Q
R X Z O X F Q T U Z G N F O F I S A V X Q U J M S E R X L P
I L X C V T B R H X N I M W N F U S D C L C H T A U C J Y Y
T L T Y S L M G H K N X K T V O H G D E G Z X I G A I K W G
R V G G Ã O S A F A N I K R U B G X L L U E W F A S B U K R
E A W W O Y O X H K R Q M A D D E P K A W Y F S D V C G S K
A C F L T N L J C M H E X S I P C Y O T I N A H A A D Z P D
S Q Y A O T X O Q N D S S N Z Y M M W C W R R F M F L J G L
L E D B M N F E A K D J M D W B V E H W C I O I B B Z J D W
U I A U É V G V E F R K X W Y L V Z M T S U I T I R U A M B
A G B H J C E J Z Z N S D K D U B Y U Y O X U R A R C L Z P
N S I E R R A L E O N E S C E C S P O B U F W R L U J T P Z
X Q C G R S F C H G T S U V K G H S O R O M O C F U Q M Y R
E A V P W I H L E N P J C L J Y Z M Z I Z W Q R A A X E T A
A R G D F D A I G P H F Q G U J H N K F E R I H S G Q A T A
C I H F U L A P G Z F O A N T N U S C E H H E P O I A J S W
O L R F O S I N S L U B H Q X K T P V A J C O R B E N I N R
```

Word List

EQUATORIAL GUINEA	MAURITIUS	CONGO REP
GABON	MADAGASCAR	BURKINA FASO
SENEGAL	GAMBIA	SIERRA LEONE
LIBERIA	SAINT HELENA	SÃO TOMÉ
BENIN	ERITREA	RWANDA
GUINEA	LIBYA	COMOROS

AFRICAN COUNTRIES #3

```
M U C L E F Z Y X T E P L P R O H M V W A Z I T J Q P O B B
F G C I B D O Z C O T S Q E Q N W S Y P F W V J E Q F Z P U
B B A K F P L U K S D F B Z U M I U K G Q J P H V B M A Q D
J M I O O B D B E R G O A S S Z Q X J I M N Q H K D R G N F
T H B K T Q F L A H X W B L X I N S K O O D T P T M N V C R
M O M Q S Z W L S Q D X K C N M O X I R Z W V S T A E A B T
Y K A K L L F H F X T F L G E B E V U Q A L A I P O I H T E
U N Z D K W V M D A M H T K R A L U Z U M X I N P Z Z G S H
J N Y U P B F R S J Q B E Q W B F W K G B K Q S M I U C D C
Q E Q Y A T O B O Z H D N W F W T I B N I T B V L Z C P V C
A W B B Q I E B I Y D V L B N E E I O K Q E Z G V E D E J X
A K N A Q Q L X D L M E T P A I O O E P U X R S E Z K G K N
L W I C J Q B A O I S C E P T F R I I K E X B A B C J Y I W
Y C J T Y T F E M O J J H U E E B I Z G E H C F P O F P V Z
L Q V D L O X L T O X B O A M N C Z C D W O Y C I N M T L M
P N Y B U B W H I M S B I A D T A Y N A Y S A F A G R I U O
G A I O G M O L S Y I W C N H E V I T T U X R L A O V S E E
G Z I Q B A A D O J I I A U T K G N L F X K V J Q D E P S W
E Y W C L M D C D V D M S P U E F D E S T X K O D E X V K J
U W A N M A U N Z R I F F I R W N J P G U K Y I A M A L E W
V C L M A Z B E Q B L N Y I E K E W N O G R H P I R W O L T
D X A B N V I T I E I N A O X T U K X I A I Y Q M E T J S Z
A K M R C I C A N S D D E H M S Y B O I N G J J W P Y A G N
F I T N W O Q F O M R M O R O C C O U Z D Y S J V O O K D Z
M I H F C A L X A F S I T U Y Y E E C V A Q W N U C Y D O Z
Z N X J V I P Q K H C C J S H X N X D T E C B D Y S O P F E
B E E W M D H V U J N R T Q L X D R L E X F Y R H A P R J J
U K G B W V F U R X G W G P W J C A T C C R O B C B M A B S
Q R O I C F K O G I V F N A H L O F H V C V G L L W B F D L
H W C D T J L M M P E G A L O L I D A V I K Z D U A M F A A
```

Word List

ETHIOPIA	MOZAMBIQUE	UGANDA
ZIMBABWE	MALAWI	CONGO DEM REP
MOROCCO	CHAD	SOMALIA
CAMEROON	ZAMBIA	NIGERIA
LESOTHO	EGYPT	MALI
NAMIBIA	DJIBOUTI	IVORY COAST

AFRICAN DANCES #1

```
E K I T A G U R I R O U M E W O E Z L I J V C T S Q N I U L
Q E R X H E V Y N F X A J P H Y R O T X U X Q N T I W Z S O
G S D V A H P L O D L E K E W B D W U W L B A R J H D C U K
X K I J W Z D R N X O L Y A E I W P G E C B Y S A D V H Z E
I I G L O V A R K K Y M N M R H S W B O Q Z Q E H L M L N J
Z E P U D W T Y K K I I B P V A B F V T T X C U K L L C L S
X L Y Z O Z N E D B K B L O L Z K J A U G N F L Y S N N U S
I B H X A S I N D L A M U R L C X A M M T S E K O U A R B K
Z N P N H J S Y N W L T U I K O Q S R R N K O W F W T I O S
N J Y E Z X Z X H M K K O T Y L I E V A M Z Q D O L V U S C
M Z U S F P I G H Q X M A G B A J A Z H L K X D T R R J V A
É C V F B M E M V M Q B F H F L B Z D C M B A R Q Z W I X A
L H R B R B E R X B B Z X E F F V P V X W C U P F Q Z M D C
A W R X Z S O B O U G D L M S B M O S O Z F W I A V J M L G
C J X T L N A I T A L I D S K O I T L Y Z P S L J S R J X S
É N Z H R Q P I A S J G Q N U T S A L N K V Q H Q A Q Z G F
D K N O R I S U G D P A K Y T X L D J R C H L F Z S Y O S G
- R Q T L T E R T D Z E S X V M C G D E A B G M D H Y O Y G
É L I Y U C Q I U I H X V Q K U L Q C Q O U S R X O W N F Z
P Q G K B V V K U U X A D G R R M O X Q A W T X P Q P F K G
U J I G Z I O F F I Q C T N Q H P R M M O U P I E F L X B H
O B D J D L H I K G Q Q H X E D X P S A S A X W X V P Q X O
C Y E U K B S W S G Q L B R G Q A N B P M U L S S V W F A W
E Y N Y R U N Y E G E X E B J Y N R Z O Y H E U T Z Z B Y O
F L T C U E J O J A T U A D B I W P U U Y U I M V I D A Y F
B T O V I Z L G A B E O W H B F I P V K A O T Q C M Q F D F
X J G B M O H O P B Q H W I Q Z C N F A J J I W J S W X N K
X W O E Z S A K L T A M E N A I B U G A C V X O P R K A F W
Q A R H G O N A J P Z B H K N C T R U K D L A M B A N R G T
Y V O D A Z U M C B J I S L Z J Y S Z Q K F Y M D N C L E A
```

Word List

EKITAGURIRO	INDLAMU	LAMBAN
AGBAJA	ENTOGORO	BWOLA
OWARO	MWAGA	RUNYEGE
LARAKARAKA	AKOGO	ADOWA
COUPÉ-DÉCALÉ	NDOMBOLO	TAMENAIBUGA
BIKUTSI	MAPOUKA	ENTOG

AFRICAN DANCES #2

```
G Z O U G L O U Z D B C C X G J Q A L K Z X J Q M P H S F X
K M S W Y R Z H W Q W R C R M S L M C V S Q R R E B J X R Y
J N R R H D F K X O S Y P E R A A E D L M V R I O R L R Y M
U N U S Y N I U S L G C Y S D I N R G S S J K A D S B R V B
Z T C L E U E M L A R F F V M O P A P S V B R A T M O U A Q
I Z T G V S Q G O O L F V K H S H S B M U P Q B I E O P C V
U J K K N T M N M Y X T R G Q X D U V R X F O N N P P N E J
X G U P V J C M C O Q T V U F W P R U N D R A R R X S F A E
L M F C Y K P A N G L O U N E H L E U Q J E H K L V D D F V
N Y S L R O R C K S B W U D M H T J Q U W R S U V V X O J A
J Q O L K Y I K I U T V W R Q O S L G I W Q Q G A E G S Q V
A W H B E E V S M U P A K A Y P S L N X J B G A C S F B B G
J I E X Y J C U L U L F G E R B K D X U R P F N Q R T N N P
L L A I Q A A M K T Z E J J T M O V D F M H T R F F D I Q A
Z N G T E J B U W Q S D F X Y E H V M A K O S S A P D M Y X
C O P I B N S - K L T A C E C I U W H O R V V V D G B L X U
S Q G V G I L O I O L J J S M K R H V E K I Z I N O F U J R
J G Y I N L T M O - F U Z E D J O K O R B T E I K K X N T G
Q E O A M Z N B T C S T B P V W V G N M V M D S J X U Z Q C
E Q N M W E X T A U U A C A F S G F O L E H D S S G S D O M
E A V G B U J K X D L M B N J L Z Z M N C M A Z G E X X A R
X R E H U E D N K S G M U M L I F M T H E G L A Z H S A C G
C K H Z U M Y R P W I W U D A R A O H V B W M T B B R Z E U
O H I P O A D A A I Z I O L A R L A A M M A Q Q Q A V K D L
Y U D U K Y Z R S L U T Z F L T O G N S A C L F B F J I W K
E V G B N H O I L Q U L T X C X B W R S L S I A M W U C P Z
U Z M C F N K H P F C B Q E D E K A G Y I U S R D C G X P N
D Q V M C A X G G D O W V N K B X R O V K C U F L D O F K V
X Z I H B G F T X V B P L O B Q W A M K A I W K T Y T H X Z
E H B H K M Z J S B C G R M M A H K J X K C C C B A L O N G
```

Word List

SABAR	KAKILAMBE	MAKOSSA
ZOUGLOU	UKUSINA	DING DING
AMBAS-I-BAY	AGWARA	KETE
ADUMU	EKIZINO	BAKISIIMBA
GOMBEY	AMAGGUNJU	KPANGLOU
SUNU	JERUSAREMA	AGBEKOR

AFRICAN LANGUAGES #1

```
U H V D M X M I B J D Z L O W V H M I N U P Z K X H M S T R
N F S U X W V Z K K U D S H D Y S L P F T V R F A S H R Y L
L W B X D S Z E T Z X R X N F K M I W N S Z I A F T F V N O
Q Z S H Z Y Q G O N V B H Y Z A S I G O K S P G B J F U P M
T A D A X U U F P H M Y M G E O J Z Q O Q D K Z N T S Q W E
I U L U Y R E C J G K C Z C Q G A Q B F O S P R M M W Y U X
S K H S M D Z D P B W E G B C S F I U Y T X P Q D F B Z F L
C P T A O W D M C B O X O M V X T V I P X B S U D D G M V O
U G W U X L G C M N E Q K H C Z W S U G N U G M S B P F U S
W F U H S H I A B R O N S J K D Q W Y O O H O A X R M J W A
U W C X F B C Q I C M R C Q Q L V J P W F I L S O T Z U J E
C U W B A Z D A Q P B K J T E O A C C I G B O I C U V O O R
F B L R U L A F A P C H Z N E F G N X M I D I E R E F K T H
P X A U D G N W V U E M K O R I F I B I G D E X W K A G S A
A M D U U B G M Q O S V G I K E A W X K M M L Q F X R O X N
C H R K E P W X U H B G K B E Z D F L S A Y S I W Z M I D V
M H V I M U Y U K I G A T D S M A Y V I U D A B G J Q P M C
V C E B P T J T U W A X X O H C X F O M F G D I Q R M G I J
Q U O W P S H D E N T M M L Q M U X A L I N K Q X O K R C A
Z Y M M A K M M S T E O M B P V R J T R S R E E T U A Z F G
O J K P O W Q G Z D M Q I H C P D G W F J C O C E H N J X D
W R Z E Z R Z Y B A G D Y O K B W J U T H U N R M O P F Z X
B C O I F C I N L J N K Y J A G G J W A X Y U A A B Y G X A
N K U N T C F A V G A H Q P X X X J J D A Q M I V Q O W V Z
E Z X K I W R R N K D D E U U M G T M Z B A E L D H Z A U
N V F P B U A N R M U M F R L H Q C C D G G E S X U N R G P
L B F U L A N I Q Y D D J I S R X N F A R J I R X V A M S S
U Q B W Y U I C D F O Z Z N Z D B Z I G F N Q Y B Z E K L U
R P O H E Q O B A E H V F X W M D V S T B I F F E E B N A O
P M M K J C I J X M E Q K L U V C G K Z B J O C F L R N L N
```

Word List

ABRON	AFAR	AFRIKAANS
AKAN	AMHARIC	ARABIC
BERBER	BHOJPURI	CHEWA
COMORIAN	DANGME	FON
FULANI	GA	GIKUYU
HAUSA	IGBO	KHOEKHOE

AFRICAN LANGUAGES #2

```
Q H V N U T O V R H O X Z K V S U O O N H Y B X J K O U S D
T T J P C S X J Q O M S X Z V P I C X Z T A J I L B D L R A
I B D B E B T F G W J B Z M E D K A R Z T F E Y Y N X C G H
R U K Y C I X C E F P N E D Y F F A R E C V S R T X Q R G G
F Z O U D C I D D T F V D A B Z O Y D A K G J M P I Z O O M
X G E C M S S C P Z G P E A C G M I Q N L A K D S I Y O R X
A Y G R F I A N O H S L I X H T O K P Y A C C S R U D U I S
O S E Z N A X C H G V U V O M P R E F S J G O J U F V I E C
H P V E D Y L C I K W O W U N Q O E T E F M U F T E N O O N
A N H B E V L E M D Z G W I P A C G Q P N C A L G Z M U J U
A N H R Y L A H L H X X M B H R I W U X J C M R M Y W O H
A T X Z X M A B J M A Y Q I C D T J F S L Q S E P E D I V I
M S R Z H Y A S J O A M G Q N Z M O L Y I H P N O P I T S
G N C G C P O G N O K G Y U Y J M H Z N K V Z A G A P R W U
J S U Z C J Y D I B C S R U V H Z K I M B U N D U B S Q E Y
P O F C X D A G Z R A I Z W U Y W W M W N O E A J Q V K Q B
R A D W R C W F P G K S R T Z N F L K W H J K E G T R O G O
G Z T J K A J Q A L K J U C R I A A I S S Z W M T Z W B X D
B W N F N N V L D B G Z H Z S K G M U V G O G C Y N Q T O J
X D M D F J A L Y N J E K W H I L L B E R X L L H W H U H G
H N E L C M D P V A H G D D D T G Q Y Y U X K P U J V J T Y
X K L F I Y U E R V X Q E C K U W C K C A R O Y G O J L O K
D P I F R I W O N V D S D A Y B I L G I V Z K C Q E I A S U
O H Y C L I H U T D A M C Y E A K I E L O F Q X K N W Z E W
G W K A J D F G R D A N E T Q J L J O L S S A F G G L U S L
W N K O K D B D N I S U F M Y R N H Y T E N N A X A R K X P
H C R Y O Z U O W F B T S Z Y T J K N S E B L F B T G Y I X
S M T W F F D M A O J N P W H Y V D V S O A E J Y U S T Z V
L J W M U S A C S I G A R S G J M S P D B W L D K F G C F S
T Y I E B E U U Q I I B X P T U C A N S V E G P N T S F Z Z
```

Word List

KIMBUNDU	KIRUNDI	KITUBA
KONGO	LINGALA	LUGANDA
LUO	MALAGASY	MOSSI
NAMBYA	NDAU	NDEBELE
NOON	OROMO	SENA
SEPEDI	SESOTHO	SHONA

AFRICAN LANGUAGES #3

```
Q X M W M Z Q M E U S E J G N J J Q S I F T L U C V S Q P S
Y U C L W A W B Y D K H Y U S S T Q O S W Q N K T R W T Q B
P M D P Q Q A H N R L E B X H S A Q B D S M O C L K G N V
I J B B R H T V Z X Q Y M N I J B O P A N M X J S Y Y Z X
F G C A W P I F U A Y Z W D T S O N G A F P S K X S P S D X
E H S V P R F C L S F P A V C H W W G J K Z T U U F N J A B
O G A F L Z T S U W H F U E V U Y L P I D L W G X R G H F G
Z Y X J R V S V U A X J Z O V M H L C H F W I G Q J E B W S
X V Y E I W E F P Z C P Z A C Y B U H I W T Y G T M U Y M X
K G Q J D N P H L I U T W X U V R B C Z D P G O I O K M L C
E P T Y D Q Q C D Z Q E Z Z B I G R L X M B S N G T N I L X
F M U A D A T X Q H A K J F W O I A T J X L L X R S F L H E
A N Z U T J M R A Q S T K N G O U M B U N D U L I O F E U F
C J E M D G M F H M J S D B Z H S T M X D P V H N A K V B A
P L J C I Z F U G T W P D Q D O P G L M V C O M Y J A G G H
X W Q M M F M W Z U S I Q W B A P O C O A J C P A G D N Z C
L W W U A K E L P G A T T S P Q O G S F G Z G B N J O P J Q
Z Q Y J B I C N A N E L B F I L J S R G G U T O P S W P G L
D A M J U L K Z A B J M H L Q N E Z C U R P T C T S H T O I
W M F I R A U W J S O V A D N J U L I H J S O J E W G M W W
U W F N O P S A B E T M U N I H W B B O V O A U R A K E G A
P M G G Y T K B H C O T J S M X P O N T W I G V R H A W N T
D T T O O Y L U N S N N Y Y W A C U L O O E C Y D I E O X N
B Y S Z T S B L O G P H G R N F K D O M F R Q N L Z P Z B
X F N V Z F W I O M D D C R H V O L F Y F W K Q B I R N K B
M A A C A K F H N E R H E R T Z A Q G M O R G H E D R V T M
W F Q F U N I S C E S C W N W K T O L Q Q H Q X L J P R T K
T X Q T X A C T A C N X T L M G K U A P E Y R O D K K P O X
I O H C Q V S X V E P H J W H J F P L B I N N E C Z S U Z A
I V F J U N I V T G R O A P X Y W C J E Q F V X X J R S X W
```

Word List

SOMALI   SWAHILI   SWAZI
TAMIL   TIGRINYA   TONGA
TSOA   TSONGA   TWI
TSHILUBA   TSONGA   TSWANA
UMBUNDU   VENDA   WOLOF
XHOSA   YORUBA   ZULU

BLACK BOYS NAMES #1

```
F D S N D L M U M Q O Y D E G T U M E G W D I A Q M P F N L
Z T J M J B L A B N L O D T Z L H B G A S N V A V D Q A B D
E L D R I C K R S Z Y L L L H I Y I E E J L E E V J O Q I D
D P P C S W V N P F Y P D F D A C A K D I J O N Q I V M A K
S Y Y L S R N X N I N P D Y P E D A R I U S C Y K Q K Z H G
P E A L Z K G S H A J M O A C Y I D R E T J B M K U R E P A
Y D X Y J E S Y V B D W Y U S R O U A F A F W L G P A Y M S
V S I I Z U R R J H Y Y P M B S K E Z O U B Y N B U L K Q K
B U B J E B E O I F S L V A G C A G X A J N P V T Y C L A H
R I M Y H C K E R R Y Z B Y W A N F S T X B A C D R P M W U
C L A Y T O N N J L J Z U K P L O O W U R R G C Q T W V H S
M X L D C Z B Q B T O A J T A V C J Y U I X U A H U Y N Q H
G B G Y B X D P X A Q Q K F U I W V K B L S S I N A L E G T
N M P Z O I W D F G T B N H N N F L N S G H S G V S N F P E
C B T C H F B F F A O B M R D I W X J C M D V A M Z H T E J
R I O E Q I N E O C P K E V K J U H R B U O G J C N Z F E C
A B O O K E R D X L S K H Z A L P Q K G C N U D G E S B O N
I Q Y U A S N O J V G T U Y H P V L A X H T J M O F F M H D
G H H N Y N Y Y N F T X Q U K G M B D O J R E I L W U Q K M
F A C T V L H Z W Z A B Y X O E E B X O J E D H K I C P T D
I V R T T E M M E F M P S B F L X E Y I N L O Z M N K G C Q
Q S W Z S Y A R Z H T U C U A Z U N G P F L Z L A T V G V N
Z U X C X W S O Z Y O L E C K Z N U E E P W F S C G N R C U
O H A M E L N Q C B B Y S C C P H X H E H B V J F X C M Z Q
T C W N H L G X Y S C D E U G V P F D J J N D S A O O D B T
H F Q N F I J G F V C W B Z T K P J F U W J N F K E D B M Q
G R O D Z Q B F L G K U U F L P P M L R P M Z W J E H Q G D
T J R U K I X J T H Z L B Z X J Q X B U S T A I A L F V X B
S P X D R V L Z L B G S Y R E S T X S N U P B L O M G Y Y U
R K R C R P P R U N L I J T C B S G E E Q K R X E D G N Y L
```

Word List

AHMOD	ASSAD	AUTRY
BOOKER	BUSTA	CALVIN
CALEB	CRAIG	CLAYTON
CASSIUS	CHANTE	DARIUS
JOAQUIN	DONTRELL	DIJON
ERVAN	EMMETT	ELDRICK

BLACK BOYS NAMES #2

```
M J V S R K M X K V U U Z W T I Q F Q N B I R V G C K T V Y
W B T G H C B J Y Y F N N K F N N L V K C R U M M L C T G F
D O K O H G C V N G T V X K O B S C K F Z I H T D N H Q G Q
N Z T J K P Z O N G T U J C H K D M X C Z P O D Y F S O N I
D A D M F G E L K E E N A N X U V J Q K E H I S I A H Z D G
I J Q M Z M L P A U U V H R T E E Y Z R W L T D J I T Q V Z
L K O B G E Q O H N D F E C J W D E U F M M X U O F W K M K
A L E T Q E N T V E K T E L Y Q E T T F E A Q O A W S B D T
P B Y R L F A L S E X A M O Q Y N A X K A R J G C G Y D I C
O W U N Z K L H P Z R D V V T C R X H O X D L A H G R Z C J
R S Z G R T R J A J S Y S Z U M G F P L H A E R I F S Q R F
A U V W I H A V I Y T N S Y A X E U R G K F E U M F P T H F
O I F M W L G D C O R R O A B E O U S V C W Q O V L U N H H
M C F R G R M B A C Z S H N A P L D U S P A I M T G E W O J
Z U B V Q P E W Y M N L G R V T V G M G B Z J C Z L N O A W
E L F I Y H A S S A N Q E H O N F X I O A I D V E R H O D Z
W O A L M G T N O N B S N B A P I L X E F I K D K M X L R D
V F M A U Z Y B Q Y W S C I F O E O R R N C V T I E L N K D
D S P B N X F I G X E K F W N U U Z M A B H I H M V Y M X J
S S X D D O Q O W T K G D C S Q N O R V H M O B T N A P L
X Z K S P B P L A I K I N B S X O I O V V B A S E B V M B L
J F Y A T P R P C R X D W T I D X H J H I O R E L U J Z J E
R A V Q D H K S Q S D X G B U R M G F I Q D T A Y P J L S R
L R H Y C E Q Q K E O N M A Z J H K B G S K E Z M M F E O D
K D E M Z K G E X C H U C N K M C T P Y N G L V Y P R I L O
Q M E Q H M I R U I N W X R N E D Y A J F Y L C F L R E D G
J A U H K N A W H D I A Y R Z Z Y W O H L F Z V Y E O R N R
N C B I K N H I I L T Q Y G Y O Q J N I I R X J T E B Z O D
D T K B J C A Y X R Z N H Z Y G L C R W Z P T B A K G R H I
X T O H F M U E R C T I S F I G D H B A A X V Y C Z I H H G
```

Word List

ELI	GODRELL	GARLAN
GLOVER	HOSEA	HASSAN
ISIAH	IKER	IAN
JAYDEN	JAHEEM	JOACHIM
KEENAN	KIMBEL	KEON
LAIKIN	LUCIUS	MARTELL

BLACK BOYS NAMES #3

```
L A T I W T B Q J G A H R J A H N V I O Q K Q V X G S G T I
L A G O P V V L D F J C R J C K Q E M L O G M M C B R Y O T
G J Y Q B O S D W C F O O O H T W R E D O A P E N R O C L G
P V V S F J H H N L R J S G A J Y R C S O J R I Q G K K S G
U H S C W P J F E D O K C O C V R G N K P W G Q I V Q U E O
J L R E Y W O N D Q K I O K F E D A P N S N E S X I F G R O
D I H W B O A P K P O A E W T M W R T J O D X O G U G I S F
H L V O A H Y J G C R C G U N H A P G N M L T A R B O E O S
O R Z T P G I E G F I M V B S G Q R E I K Y L Y V N W F B G
D C Z E Q S H A D D P S L E G F Q X Q O B L P O V I G R L K
K Y Z G C M U Y T E I H D B V S H G C U C O K S T Q E M R L
M P Y Q C G I V R Q Y O B T I O T E H B I W T V O G Z R X Y
G F L R L K D N M C B B U S L D T U S P A S P L X U U D O H
O X C H P Y P L S B P U S O T C I T E B Q E M G Q U O A F C
J G G B T Z S N U N C U J A I R A A K J V D W T K B J D N O
F F P F D M P V R F T F K M P K U S N R I G X X T X Z D Y Y
Y G F D C P J J J I J A C W W P G P N E L J E D Z T W V F Q
K K Y A I K W G Z U H S T X H U O E T Y G Q Q K L H J G R R
P A V T M P D K P B X F B Q F B R X U G M W T Y R U S P O R
U B V U Z G J H P J M P K X R R R K O L Z Z N L R Y C H F
G H Z Q P Y D Z H C F Y L M A S H R R Z C K M E U K Q F K O
G Z F V P L W C S Y K O T W W L V P K R J Q N L C G P W P H
M R X M L N U M P F A W H A O Z O F N J E R D N X F F V T B
P B L G B X X W C H W S Z H R F G W O R A B A S A Z Q N O S
N Z Y E Q D Y E A H I O A G P E C Y H D W J X U S P U I Z I
W Y C L E F I B L T W X U Q H D X O H K S N F F Q U I A B W
I W X I F F A I O Z S V O S E O O O L V Z V R J F I B O M X
X L K C G S Q G J I K K F B U T V S W I L V V S P W K M Y O
J I X Y I M F N Q B W W W G S B F B A P D G Z P Y N Z N I B
H V V C O Z U K H S T H Z P W P Z S N X D A F V L G R V C N
```

Word List

NIMBUS

OTIS

SABAH

WARREN

YOGI

DESHWAN

ORION

ROSCOE

TYRUS

XAVIER

ZEPHAN

DARNEL

ORPHEUS

RUFUS

WYCLEF

XENON

MARQUIS

TERREL

BLACK GIRLS NAMES #1

```
U U M J Q U O V E D D K Y I W T F E V E I Q A E N B G T C P
H U V N O H Q W L U T P M O M I S A X C P X S Q L R X F M N
F O Q E B Q T O X K P P I G J W W B I S H T N L Q M R J E M
W Z Y W R C H X Y V Z W J J V E L Y S Z C P A C V D M M A W
W B G P F M C U D L L C T M J Z T I K F A N V V Y A W Y I C
E H P K Z X D E U S G H O U Y G I T B V Q H I G O H O B N E
W F Q O R A S S Q K H Y C C S R F S I U S C O G N H S V K D
V T B N X X D S B P A H X L H N D P Y E H O Q O G K T O P B
R F X F E E C H I C L Y U C I T W B D G B G L Y Q Q V T S W
K D C B D D G E Y W Y T R N Z Z H D P N E Y W C H E R L D V
I K G P U L Z Y Y E E N W G G M E N B Q P Y R B P A F A K H
V A A Q F D I Q P L L L C L V K I J P W S D O B Z M N L B E
V A D F Z P X J J X A U B S N X F Z N D Q A N U M W E U P W
L Q H G Y J Y S S E A I T C A R L L Z D S Q L G D X R C N N
V G R N Y I J H E A D A L O D F T A M A U E U X Q F E A E I
T Z W O X B O S P D I C V V U A I P B P D J Y K E K T T I A
L S N K G T P Q Q K T X J D P C W S B D W L I F G X E D K Q
I F V O I J Q E D C U C Q V E L L X C I Z T G Y G O J C A X
Z H O I T E W O A B Y S L K S R E B O A G A M N S A G H T K
D R I H C N S R P Y G F S P E O B C X R N I Z M Z Y B V A U
B S N U X E N A S E R I A N F H G P R A N I G O K X Y S N S
U A J A K O Q H E B T T Y H W L B A I K R H H V T Y S U C F
J A D X I L A L Y O F Z I Q I Q N F H I G N G G X K A I V O
N A S V O E V Z X W Y U M W C R P T V A Y A M D U E Z D C X
L H L N Z D V K S U I X B Q Q N Z I Z K U B S J T E X B P F
X A C U T L Y N L H M C V D G G D A R P V T R I Q Y L A T S
Y H H F B F W L Q P F W F I T B H K A P I B R I R A F L L V
Q Z W H T Y V H B J H I K G O R T B O B X T G H T A S A K O
W N Z Q K I V P K B I U H W A Q P E Q S H A Q H Q Q D A N Y
F C X E U R I P I T G A I S F E N I G Z A Z S V Q S U X X V
```

Word List

KEEYA	GASIRA	NATAKI
FEECHI	HANUNI	KAIKARA
FAIZAH	GHALYELA	KYA
HAGOS	NASERIAN	ZAHRA
DELU	JETTIE	KECIA
ABSCO	HOYAM	ADAEH

BLACK GIRLS NAMES #2

```
C G M G C S X S E B N M H J R U P I T H B F I H X S C M S S
P E A C Q N A L G A K S S W H P B U J U L E N E V D W I W W
W D J F Z P H S T T E F W Z D H C P K S H M J Y Z B E S I I
L N C L E T H A B O J N E W U L V R I K G A O J W Q P F D H
R T A P H G R T V Z J G T J R E Z H B M X M I Z Y C D E L C
U F K L J F M T N U K J S X A P H E D T F S U M O C S L H G
Q Z B U S A Q I Z W E R L Q H C Y Q O I B K W Q T E I Z M Q
A D B S J B W X V D S Z K I X W T X D Y O S Y N L G T R M M
R N J R V U M Q G K A B I L I J J J J J Q I K M K B D E I J V
C H Q L H N K C O X E Y L X J B E F N V Y W X N T F E Z L C
Y E Q Y D N U T O H T F O D E G X Z C B Z T R G N S E M J N
Y C R B O I Z G P O C H C S K T Z N C A Z H C I Y P E J O J
G W H Y J A E S L K Y N W W Q V R C M W U E K K D L C B H V
E N A B A L R M P L Q C X I E G V O M K M U Q P N Z Y T K I
O A Q U T T R A F W F Z K P T L M V N B Y I E R E N U L F Q
S R O A Q Y M M S F L S H A A C B I G Y I V M K A H W G T
G T K D V I N N U A B V C S G K H G F R J I X R N G G U L X
X P L X P M E O E D M K Z I Y Y W E I X A S X A D E O W O A
H O P I H C S O M Y C H P C V O K K B W S V K T Z E Q J F G
D S P R B L Y H E E J J S K W B B T U D Y C H C H O R G V T
P T V R T O L L L C W L P C T K A O J H G A C W K A J B P P
V I R W P D D Y O Q Q I M Q V B S D N Z M X K S A G W X Q E
Y L G F A D Q A K M P Q Y C H A L O N D R A Y N W T X Z A U
C O V Y J M I O U I O L H S A X H L P E O E A K J S J H M Y
B P R P Q K H B H V Q Z O T I P W N B Z U B F N Z Q D J L X
A R V F N Q Y I L S Z O S X S H F E R A A I I R K C S N A U
O T Y Y W W J J E E A V G J S P H R X S U D X J Y E X O V J
Z Z F W W V H T Z H S V G K A C X H U P Y Q Q R O N N A K I
Q Q E P C K E G L C O A J Y A F E D X C B H F T K V K P T J
H X N W K C Z J Q L Y F X S L E U Y Z F N X P E T B Y J B F
```

Word List

FABUNNI	ACHEBE	KATLEGO
MASARA	EEGA	LESEDI
CHIPO	KENDY	DAYO
ABANA	KINFE	KABILI
MELOKUHLE	JULENE	LETHABO
BEHATI	DURAH	CHALONDRA

BLACK GIRLS NAMES #3

```
W U E F F X L Y N Z V U Q U G F A L E V E S T X X L D N M I
P A U H F I U N W F Y B M B U Q Y T V Z F V Z B D D K F G B
W O A V W F Z O A N L Y S U S I J A F P J C W Q I C F A T M
P C O K G V S I W F S K N Y K K S D X A S W C Z Y M B V W I
T N I L A R H R X A I Y O A X M H E Z G P P Q D W D R N T Z
I Y M B Y A J K Y M K O D T H H R L F N I K F O P J F R W Q
A Q W V J P R Y C B R N J S L H W A I P S E E T S P Y N S R
D C N X Y Y P R X E T O S K Y V H I Q B B S G Y T A S K J F
O U Y X E Y A Q F R W Q G O S A K D S G B S Z Z K Y Q T B A
G N J D W C N K H D B A Y V G P L E M K R I J R U P X M U W
M N T S X Q K J I B F H N B O G X Y J R W E D G M X A D J C
X P F V I U Z B Y N T N Q B Z Y K H U Q Z X A X P V R C H M
C G B S K J E G I V I E B B F P S K E Q C A A J E N L C N
H C T O T T U A T P Z F B N R F R H N U E L A D C Q I V V V
K S H K H I L U A L Y W K J M I M Z C O K Q S A T Y E N S X
J Q X A X Q L E I O R L M X I W A V C N A L C M D L Y K H F
Q Y N O K ' Q H B M S T S A J M V N X H M U T M H Y H D I H
G I J Z U A S H D I Z I T O L Z P Y N D I K D A J I T T D N
E A O L H V P J R I Y M N Y Q A B T W A R Q M A E M B N W Z
C U P E E W S R R U T U K T H O I R E B A A K A I Y S H A D
T Y M L R J A I R A H A F I G H V K H E H L B K Y D F Q M P
K T P E I F A R A J A V R N P P K P A Y T L K Q G T R U F T
D P O X S N A N L D S Y W Y N E L T B P J I Q V W F Z C E U
O F V K U Y W H C O Z M N Q O Z I B U I V C X S U T I V V N
R F B K A N W S P I I Q S A Z L T Z Z J A H M E L I A O X O
F U A G J V P Y X R X H N Q X X F G E A K A A S X B R D D F
V E P B C S C V V M B V L Y M P L L F M I J B B Q V T Z P L
O L M W D U C P N I X U X M N B N Q M U U S N R I L M R M K
N V Y O T Y U Q S J K Y M W C Y J M N S N A O M W S E P G E
W S U U T U E F S J R H N E U M I V B U W J X X J M A P B D
```

Word List

FARAJA	JAHMELIA	JAHIA
FAHARI	YAKINI	AIYSHA
ADAMMA	BISA	MALAIKA
KESSIE	LU'LU	KAMIRAH
AMAHLE	AUDRE	ADELAIDE
AMBER	BETHANIE	BRIANNA

BLACK GIRLS NAMES #4

```
H H D R X B A S T N P F I K H Z O O W V E A S R Y E X R V Q
C A R G X G H M Q D R B R W A M Z R S U K K E R F R T R A W
U F N E T I F W D O T H L X V A N E S I A O X W D O S C E S
V B T N X Z Z R A X T O K K W X F K L M J O A F U I V M R C
B W Z Z A P I W N T T J R S F E I A V P D J Q Q Q I D D E H
Y M N P C H X Z C W Z A X T A J M N G U R I X V V K B V Y I
Q K Y L I E X F U J D A C D D Q G I I H F V L Q K E A C E O
I D F Q W A N P Z O L L L J K L T D K J F H S K H Z R Q Y K
I V O Y O Q M E B V H N O W X Z K U J W E G P O W N N J S G
W G K T Z Z H L O M K N Q J S R Q J A D O D B Y U J Y C O R
D Q C D J B T W Z N W I W V N M I M U Q X W S J Q D C H I Y
F B A G I C J M N U G U A H N D E R W F E S A A L B X K O
B D S K A M U B R L R K K Y D J N I F R W E D X I E B N I B
X K S B K Y U L E K D C B H A C B H O V X N U J M D R S G V
F K A J O Z X F X O F L H O K P P A V V O Y Z B H W H W F I
K Q N P Z Q G B Z O M Q O P O J P B V L L A H Z X I W U P I
A Z D Z Y A H L V N Z I G Q T Y I V A M L V J F A N K M P P
E R R U P C I O L M K L G L A T U Y H E T D T X G A K B Z M
L H A Y Q Y U B N B U L Y L W N T N R W I U I T W H Z Q A
N B I I C H A R L O T T E U J B F A K Q U P U K I V O L E M
Z R V C F J E W H G E Q Q A H L K O W N E G E E J I Q F P Y
S X L A O M Z N S R M P O J P G C C E E S J X H A O V V O V
K S I T G X S C X C G Z B Q H U C S Z T T G F D M L W T J V
R D C B W K O V E W R P T G P P P K V X I E D X V A S M E L
K K P V X P A O Z Y G Y Y S X V K E V C F G L E A R L P M G
I W V S S R N U Y P I I U W W Y N D H O F O A H L V V M I J
T N W W A A I I Z K E L N W M K T H Y K A P D K E I P S L L
X E I I H F N O M O A I J R P E E U L B N M H A H N L N A J
L Q C G A V A V S T K Z Q V C Z H H O Y Y L B P I W P A C M
I D A T A B W D Y Q G F C F D W I L M A Y P O P D R N G H S
```

Word List

CASSANDRA   CHARLOTTE   CIARA
DAKOTA   DELILAH   EDWINA
HANNAH   JEMILA   KYLIE
MALIKA   TIFFANY   VIOLA
YALONDA   ZALENA   WILMA
VANESIA   URSULA   NINA

SOUL FOOD AND DISHES #1

```
O F F A L K K B H G K J D I S V F E E Z P X M N R J C A K Y
D T Q U Q Z J R A L C C R Z V N B P T I D V P F Q P E V S X
N J A D H V Z U K G V L A D B S E I G G S P T O E T L T T M
C P F T S Z U D Q M Q T R B N P S K K D X U P R R A W G E E
O C O C M C P O H H O N P E T V U Y C U U Y I C K K X Q E N
L R O U G E Z Y F O U N S G B A R N J I E P I O R P N F F J
L X X C D H V A I Y P Y H L Z T F I J I H O B B Q X R W ' X
A V N P M U X J Z H J P A I L F J X S Y K C G K Z U K U S K
R I S T R S L J C F Z C I U T M L T R D H O D Z Z G U Q G R
D B F K I M D J W Y K H O N K E B B A E G F X E R J S Z I O
G L J B B K D U V - S P A C ' Z E P H F K N P M I K Y Q P S
R T L W X U B C E P F E Q G W J J F Q E B N O S Z R C W V V
E G P G D H N Y F M H G X W A H O A ' U N P R X K C F H B N
E H Q B X T E J Z P O R K R I B S H Y S B P N Q W R P L G G
N L N X Y D X X Y O M D O O Z H L X N L G H A M H O C K S E
S E H T P E A W A V U M R M G U H M T K B I Z B C M H S F F
U V N E R A K A I S S T E C R A C X R J H N P J B X S R V F
A P A M P H R R W A T H P Y G L W O J G O H G D X M C K L F
J S Z V O H E M U B A O V Q P N M K L P O F H G E N R Q M D
X H V V H B K G L T R M L S L I A T X O N M D N M L I Y K Y
R Y H M J I R P S D D U X P V K O K C M F E P H F R K Q M Z
I L S N T B W B G T G P M N A T C J O W E X B S P W C C X D
V M G N F E X R I G R K N N A O F X A Y N P N I A U Q A I P
J Q C J Z F W R S V E Z L N D Q K M Y V A A A F A C P I Q P
J R C U P K A H V N E J J R I X G G T X Z P M D Y Q O K T T
M N Q M Y R W X N R N U R G Q A J G T B R N S E I P N A M K
N M Z Z H Q M C B M S K O O T I J L Q J A W O I Z E V J T Q
E A C C U J C O H P E X K V H O G M A W U T G R Z A U F L D
T J D F S C N O Q H E B A Y M A S O B D U T T F T W U Y Y U
U Z Z M A C Z R H K P C F S C Q L I E T H Y J S G P X Y H A
```

Word List

FATBACK	FRIED CHICKEN	FRIED FISH
HAM HOCKS	HOG JOWL	HOG MAW
OFFAL	OX TAILS	PICKLED PIGS' FEET
PIGS' FEET	PORK	PORK RIBS
POULTRY	TURKEY	BLACK-EYED PEAS
COLLARD GREENS	HOPPIN' JOHN	MUSTARD GREENS

SOUL FOOD AND DISHES #2

```
Z I N G E D O E L B D E X Z Z C C X Q P I I Z O E M B E Y U
U L I F E G X J S G N I L R E T T I H C C G O Z X J N V P T
E I E K A C E O H Z B A R D F E K P S H R E D O C L R I T L
P C L C O S G B B U N G Y U G M G O U D H K S U U H V M J I
H N G M D Z C V K T O V R Y A E N S U K C U Q R A G E D F R
X T M V A J R N Y I A M E M H D H P L Z N G X T K F D E J T
I B X I B B H I J R Z D G E D P V H Y P I B W X L R E R S U
K X V V J Y Y X K O S A I J U Z A K J C N W Y A V V I Y Z E
E U N G T J K O H W J P T P N Q A E E R X L J M N C Q X G U
U A C O C A X Y L B O X P U Z F D A O K D F H R E B N W M P
Z A T U J S D J D T W I H Z R I Z C S G R I T S P T B U M U
A U V C O F E H A T E A E Y Z T D S R A N U S F S V F Z D M
Q Q M I D E F T Q S Y G H M G E W C A B M W D R W C M O B Q
C G N V T O O T F T H T D Z M G L R E L R V A I N U J I Q V
P M C V E P T M N Z W S F A G Z K D X N M Q N E K Z J C D E
X E Q S T V G T R N O T E Z W R L H U J Q O I D U S J H T Z
W V Y E Q P N X X A F R W A R L T G K X D Z N A G W W R F J
Q H E Z L P H A U B C P D K V T F D G R Q I B P B D G Q K L
X W P X Z A N G O L O B D E I R F O V N H Q A P A J G D W X
S A Y K W A N Z A A B R O W N I E S D W T U C L A T N T K M
C N Z I Y Y V Z A J Q B E N S X V P J U E X A E W I T F U N
O U X L X C U L L V F I R N V F O K L S N W L S O N K I M Y
R V Z E J L H M K J Q Q A M A C A R O N I H Q A T B C M E H
N D G H R E Y P U B D E A X V S P O T A T O S A L A D U O S
B C Z E G L S I O Q B C D Q J B U H Z F X F T Y N U C T I V
R R X P F R A E D D B V T G L A T D Q X K Q Z R C C W T Z B
E F Y B L S O A E L Q K B F C H A R Q P T T E T R B G U E L
A Z L O O N C R W J P E N R L U E N J O H K H Y P A M D G V
D L I M A B E A N S U J O C D H D E D S I R Z D B V T V W T
W Q A A D O T R C B T U Y M B Q O L H D W F C K G C R A Z D
```

Word List

OKRA	CORNBREAD	GRITS
HOECAKE	HUSHPUPPIES	SWEET POTATO PIE
POTATO SALAD	RICE	MACARONI
CHEESE	KWANZAA BROWNIES	FRIED APPLES
FRIED BOLOGNA	RED BEANS	CREAMED CORN
SALMON PATTIES	CHITTERLINGS	LIMA BEANS

BLACK WOMEN HAIRSTYLES #1

```
Q V B Z S W F U W A Y J T U U L B A R U V G U M B G B T W E
H E T Y M U B B U N A N D L O W P O N Y C O M B O B X M C S
J E I J V E J X X L A C H D X G E D I A O B T P M N F V D I
Q F M C K Z S Y W W I E I J Q M V L V T W U D M L G E N D R
D V U Q F W C M N R M I N I D R E A D L O C K S C E E W B I
M B O J I R M N D D I B C V V Y O A Z R D Y E R M C T Q M J K
F H T H P E K S I D E - P I N N E D C O I L S G U U L F D A
N K N D H S I D E S W E P T T W I S T O U T R O G Z J C N D
U A Y E P U W C J Q V B F U S G X G A W S E D A N W U K A L
H B R A I D E D B A N G S X S R O V E F R E H N I O T N B M
L E Z J P B Y Y A R E F J F T V J O O Y P X F H J Z R P D A
T M M G X O P M W J U P T Y H Z W I R P A H I M Z A U Z A B
O U Y R A X U B H U S O N P N X I A I F M C I Y H H S L E B
P H O O B B J Z E R U D N F H G L L Q N A J H T S D I V H D
O I I T Z R Q Q F T F X I S Y M F G I U Q Y K X I L H W A N
V G Y E S A P D W R B S W A U X A W M B J C F A L Q J F H N
E H N L S I L S D I A R B O R C I M E V A W R F P A U R T R
R H T K N D W Q N S S U K S Z B I G I J K B Z Q U Q M A I J
S A D X K T N T B I P L S G I V I Y G L L B L U P L V W W Z
I L F W B O B A D D P V R F A C O N H I S I I E C R F S S Z
Z F N T S P Q Y F E A H X U T I S T A U K S V Z C P T R D Q
E B Z D R K C W T C N J V C C Q U T C L B N B K G O H U I N
D U V L B N T V L O C N H E O D G U F J U B B I N Q D L A Y
H N S C V O U Z W R G C I K L I E H L N X F G K O A U Y R U
I B B V U T K P D N B S Q P P E P N Q H C E T R R Z G D B C
G R R D A H Y Y B R O A J G - X X N I H N R V E Y C W X N V
H A Z W R R E E R O C Q N C U E N I W F O I Q F O L I F E V
B I X U O P O C I W O O J L H G D P K H E M S S G I L I R B
U D H J L E D J C S L W A N Z H F I S A B D J U Y E G P I J
N S G Y M A K M Q U M M J E E I A C S G Z N S Z N H C G R C
```

Word List

DEFINED CURLS	WAVEMICRO BRAIDS	BRAIDS WITH A HEADBAND
SIDE SWEPT TWIST OUT	FLUFFY AFRO	HIGH HALF BUN BRAIDS
SIDE-PINNED COILS	LONG PIGTAIL BRAIDS	SIDE CORNROWS
BRAIDED BANGS	SIDE-PINNED TWIST OUT	OVERSIZED HIGH BUN
MINI DREADLOCKS	FLIPPED OUT ENDS	SHORT KNOTS
BUN AND LOW PONY COMBO	BOX BRAID TOP KNOT	FULANI BRAIDS

BLACK WOMEN HAIRSTYLES #2

```
C Y B M X N Q T S Z V A M C Y X L C Y I M E Z R Y J B E D C
Q R B A S D I A R B X O B I U N Z A F K U L J X V G I O W U
J P O T N E J S R B R A I D O U T G Y P D U R X X X V H I P
W E W C X T A Z E M F Q U O S Y E K T K S N J Z T S B P S R
G W Q Z H P U Z X T T F B X C D U C B I H C A P G P D T P L
I J Y B Y E H K N O P Y O U I F L D D R X J O N K C O R Z K
X X L R R T T A N T Z B I A L L V E L M E E A C J N O P M S
W V G M H Y L B F O V C R B G I B V A U O B R Z K V G H S E
X D M L C W I Q R S T B K B I R L L X M Y U K U R M D L M Y
A B C O L J L V N A O - B C A T I O O L F E T T E S N Y P O
S N D M G R N F M L I V O I N Y C M R U F N Z M Q V A M Y R
K L X W H A B W A Z B D D U U F B U V O A U M G L P H L K Z
B X R S A I I H X B S E S J T O C U A B B G R Z D B S W W D
S X L U U Z D A X M D S D U A R R Q L V G E E T Z E A O Y R
L O H G C R Z O K P D T G J J E Z S K L L F E K N H W R Z T
H C U B H Y M P O A N R M L O H W E R T Q T A L X M X O E E
W P R H U D S N X H N E A O C E A L L G K G G U F T N F L D
Z P F C X L Y S R D C T T X J A T E C F S J A S B J K Q S K
P D O X I T I O O T K C L E W D H G D O K F D D I B J D E S
N I A J A C G T O L W H V V E P J A T L K I E R K U I C T G
B X N I Y H C K K O G E Y F L I E N G D M M V Z I A F G P X
U M L E M V C U J B S D N D W E Q T M A B M Y L R M R E A N
U Z D Z A M D V C T L A N I V C O U L O R I L B L X D T H Z
Y Y U N O P H L L Y R F I A U E C P U P J K H X T P T N V H
G G U A B B P I P T X R Q K T S Z D A K M C M Z O U M N X J
A B A T C W N L X S H O L L K R D O M C N R L W T U Z T R I
K Y P D J F B D E X D A O W Q U O Z L E S Y Z H F T T R N Z
P L A Y F U L M I D D L E P A R T H R R W I U P R U M Y Q U
O R G W S V G V T R S Q M K W J N F S D M L R S N W J F B U
M U L T I - T E X T U R E P O N Y T A I L M L B A W R N F R
```

Word List

SIDE BRAIDED PONYTAIL
SHORT AND GLOSSY CURLS
WASH AND GO
ELEGANT UPDO
BRAID OUT
FRENCH BRAIDS

PLAYFUL MIDDLE PART
MULTI-TEXTURE PONYTAIL
HALO BRAID
BANTU KNOT-OUT
FAUXHAWK
PINEAPPLE

FLIRTY FOREHEAD PIECES
CURLY BANGS
BANTU KNOTS
BOX BRAIDS
CROCHET BRAIDS
STRETCHED AFRO

BLACK WOMEN HAIRSTYLES #3

```
T Z P H I E L T K C D C L O T M I G W K V B L X M W P N V D
O A V N M I I A X Q B R T V U T Y O B M D R I T O C G Q U L
U P O I B O A W P F C G Q A O X Y C I I S A X V F T T X C P
S Q H S X U T Z S E L M X S T F F M P H W I Z U X S Z H L R
L K S E U N Y M S O A Z E A S O D J L I V D F L B O Y A G E
E C K F H B N T N J S A I M I Y D N G G S E D U V I Y S K V
D U G J Y V O G U P S F F Y W N K I T H Z D R Q Y F V U L P
T R C V B Z P L B P I H J X T N Y U R B W B J F U W Q S E R
R P Q H H R K L E D C Q C I D F T S E U J U N L A C J Z G V
E K M O J A E X C Q C L O C N E J Q Z N J N P D C L A C W O
S S D G Y E E H A X O P A M A N I K G L Q I Z E K B J M F I
S Q I S C G L C P B R V Y I R R J X W V X G Q K I O D W G P
E X T V O N S I S H N B A H T O F U I I Y K Y X O L Z R L R
S T G Q J E L V A Z R T N X S H R E E P B S E D G D S L R G
Q S W I P S E V L P O V M I E P T J L X Y B B I F B F O C N
M P E O L Q C H H B W W E S E Q M Z J Y U K Y F E O K A C H
K S P N - D W O Q T S Z E H R E R B R B T A I K G W Q I T D
X S H E E S D F L K U Z I A H O G S L A U S E P Y L C Z P S
U A P W C G T L P X S X Z G T A E U A O H T R W S C T O E O
O Q G N K H A R O R U O Y G T W X W Z C W P S I Q U V N Z T
R F X A Q V V L A W D A G Y Z M D R D P D O C Y A T P T N A
R C D L V U H V E N C Z F B K O W L N P R B U Y V H Y R V E
O P G O F T V W Z S D U M O R O X X J V Z X A T J X P O W B
X X V H U L K U B V E T T B G R U O D A P M O P B E D I V H
V G B F S J M S Q D K T W F R J V D N V D C T M X E I F L I
T F Z Z G Y C B F P Y M W I U S L C S Q P H H Q J T A Q H F
Z L P A P O F O T Y Y R V I S N V G K L T X J Z D G Y U H M
W A Q U Q X J Y S J R L D W S T V C Z I X R G D I Q U W T O
N W D E B V U F A C M L H N U T B A E V S M N F D E L W D Y
E I P J O G X G H F T K Y V I N S T M G X N X E O G J J I Z
```

Word List

HIGH BUN	THREE STRAND TWIST OUT	SENEGALESE TWISTS
SLEEK PONYTAIL	POMPADOUR	CLASSIC CORNROWS
SPACE BUNS	FAUX LOCS	TWO-STRAND TWIST
SHAGGY BOB	PLAYFUL PIXIE	BOLD BOWL CUT
BLOWOUT BEAUTY	BRAIDED BUN	TOUSLED TRESSES
FLIP HAIRSTYLE	SPIKY PIXIE	LOW CUT FUN

BLACK WOMEN HAIRSTYLES #4

```
J K V C Q H X O T B B T A V Z Y X W Y N X P N T V S Y Y O S
E B A O I H T R R U T P T E X T U R E D B O B T T U J Y T K
W P F K R M N V M V W N T L O J J D Z T J P Y D K Y V Q F Q
Y Z Z F D R B D Q T L S X X P P C S Z P P P A R G S V H B A
D S Z H C B Y W Q X V L X S F Z Z Y S C Z C A H G E Z H O S
B W B R C U I L D Q H R X J W J X S J X A S W Y Y I K P L B
S X E A C K R C D U X U S D I F F E R E N T A N G L E R V S
Z E P N V B Z L A W Y C K A P K L H C R G Q U B B M U Q Y B
D P Z Y P I M K S B C N E V K B M X L L P K P M P C V A P O
I M W Y Y Z J T W A M I D S P C U R L E D B O B D N A A X G
S E N X X J X N E A N P E F F X O C T A G V N E R X O F G P
E I G B X B L L C K H D Y Z B R I H C S G M S N A U T R U X
F P N D G L O O V A W - C C I O A Z V I L I S S I J Y O F N
R I N Z O G Z U O V M O O O O X B G E B A T J I V D P P G Z
H X N T P B H G D S K A Y R R E N F C R A T R N N H O U G Y
K S J G D P T P V T E P E L F N J D R M B Y N G X K R F G P
E X K C E T M I T W N C E W N P R Q T E Z W E N T L A F L Y
T L N B D R Q N N Z A W U I K D U O L Z E V K N W S F A W T
L H S W K C C F Z L R E O R Z A G - W P C F E O E D N J A B
S E E S G N S O G N F S B R L J B M D S W O O V Q Y G Q W C
E A O E E I A P I S T Q X Q C S B L N E X A A R T A Z M V Y
Q D D V N K I K F L T N I Z O D V V N S N W N D M M C R O F
A B Q A U O C Q U C S G L T C D E W Q R G N C E S L K X R U
L A I W H V E L E G A N T U P D O D G N V B I O P R O K F L
B N U R U W C F D N S R D R F T E N I Q A U X P I K P C L L
G D X E J Z S X K M F W C D L Q A P K A M S D Q J T S T S P
E W V G I D M Z R I Y C R T U D O O P W R W H P R O P B M I
M I I N M L E D G T Y D H Z V O D B I W N B E I H P U R Z X
M G D I S S E I D D N V F U W S B Y O W R M W Y D I T I S I
A D G F X I N J I B N Y K S R T A P E R E D A F R O M T X E
```

Word List

PINNED-UP FRO-HAWK
CURLED BOB
SWOOPING WAVES
FINGER COILS
HEADBAND WIG
FULL PIXIE

LOOSE CURLS
CURLS AND CORNROWS
FREEFORM LOCS
TAPERED AFRO
BRAIDED CROWN
TEXTURED BOB

FINGER WAVES
DIFFERENT ANGLE
RAISED CURLS
ELEGANT UPDO
AFRO PUFF
PIN CURLS

BLACK MEN HAIRSTYLES #1

```
D W S L P U L C W N F I D S F Q Q E Q K C S A E K X F I Y E
K E H D Z N R X V Z W A B H D D W N G E Q H R F J X E U L N
B S J O E Q F N B X U R U N X S P H T X A O Q X K G Y P E G
T B U U I F G S B U J I A X V H H V V Y J R Q E M V Y J L G
W O D I A W T E R X K S T N H N B X C L X T Y D H Q B K V P
I X W D N G K A G J W M L A Y A V B G O I S Z T O E P J R L
S F R X E N J F O E Z B P J D M W H F F E I M F D J S Z U A
T A W X Z I E L A C M Z M M F W H K I R O D P B L M N I P S
E D H I G H S K I N F A D E F M N L F Y D E M N S Z S U K H
D E C I V A O K R B Y B S H D G M O U A A S X P C T K I C G
C F J P Y S A R X N I H Y M B I U C Z Q D B X A U C N S U U
U S E T E M P L E F A D E W G G K M K D Y E N C L A H T F E
R C K U Q Q F Q D J J M G L U K U A C K Q R O X O C S D F
L W V P F C G V Z Z M L S C C T P A K W C I N S R B F I B O
S V A T R F P I Z G O O K T E Q D G C W A G B T J H R W Q K
K U O F T O Z L L S K W C Y H O Z G M H K B B F G Z K T P Q
F H U G C O C V O W G A O C L I K Q P I R U R K B X N E S K
G I S W O U P S H T Y F L F N I C U N E Z O X J F H T G K B
I E G U K N D F B R P R D I W V E K M Z H N H H X W R N L G
C O R N R O W S D G C O A Y N N Y Z C A I M I A A J H O G O
B V R L I A A W E W S F E W I H N U W U L Z U E N S G P C U
Y P V L H C Q D U C D A R L A K T K V J R B H G Z N O S L M
W E G R G Z A N I E L D D I W Y R M G V L L W T Q R D E N Y
T Y L C Y F U N D F X E R H K Q Y Z W S V D Y V W R Y D U I
P K B O W X B C W Z R V K O H Z B K F C B O O H G P B N P F
F M P O N U L U P A V P D Z V L O A Z N D A W O A O Z O C N
H I L U H G F B H X G M D Y D K S A V B F G P M U I P L C K
R M W P V L T X S V A D H B S W M P U W K J P V A Q R B R W
Q X F B Y Q O O V L B L O W O U T F A D E B K W I X Q Q E L
H H I S T S Q I P A F W I F E G H D M O S T D I E A F C F P
```

Word List

LINE UP HAIRCUT	LONG TOP	SHORT SIDES
TEMPLE FADE	TWISTED CURLS	BLOW OUT FADE
HIGH SKIN FADE	FAUX HAWK FADE	FROHAWK
LOW FADE	BLONDE SPONGE TWISTS	SHORT BUZZ CUT
BOX FADE	DREADLOCKS	LOW AFRO FADE
CORNROWS	THICK CURLY HAIR	LONG KINKY HAIR

BLACK MEN HAIRSTYLES #2

```
T D R U G V Q M I O K B I Q H A Z S J B N H V L C S L O J O
Q Z Q U V J T C M N J C S S K R A G S W R E O G C M I B B T
E T T N D C B W Y Q T H L W J Z F V H A D N F C H O M M E W
I U S T V E M V S L A T G O G W O D Z G G S C J L U W E C R
I R U X G R K M M P J D D T D T L X O T H R U H J X T Q B N
D T C E O C A S E W R H E H B X U R W J O I R T O Y M O H Y
U F E C R A A U P A O W E I O P A I I O S H L I F J E H X J
J N K F N J P E E R B D P C O F S Q G X A S Y O R C A Q E G
Z D T U D L E B F Q Q P E K I T H Y D F E H F Y F N I T X Q
R A Z C H E G A O V K P R A S I L R J I C O A E L A M E N Q
F S H A P N Y K U C R S W F N T V M E Z U R U D P J D A R V
A I T H O L Q Q Z R H L A R Z R C J F V F T X Q G K C E F P
U H V L R X T L V S X L V O T K X Z T M L C H M C C E R W L
W O I U C X B Q H I T V E F B E Q L L I V L A J A W N L Y A
C F C G W X H G D R Z A S J D R U E N Y N E W M R D V U E W
L V S C H R A A Y C Y F I Q T K U E M Q D A K N M L Y E Q A
W F M P H B M H M R P N Y R H A U M I L H N A K K X T W Q P
R V Q D W J A P B K L V Y F S P R Q J T P C O L U A R D N I
Z X T H E E A L P O U Y R G T T Y S B M W U C Q O H R P H L
O O V A W D T D D I T H U A A Q E E N A F T A G U I P N I O
Z F P S D V A C S F Z A P Z S E U P D R X G J L J B N A P S
W Q W U R I Y F K I A E Y F Q H S H P X K W R J Q G L M O H
O Q C K K R K Q T K R D U T A L L F L A T T O P O F Z J M U
K S A K Y B T P J S B M E U K A V D Z B J U U Y R H W E W E
Q U Q F T K Q Q X Q R J Z N A P I L F X K O A C I J Z V F E
C D E L U O M Z P R P U U P O T T A L F N Z M P S K A Z Q O
D H W G J X Z V O I N Z B Q W D W Y I O S O A E B G A N A Q
P O T T A L F D E V R U C S N M B Y L F B Z S D I Q T M J E
D N G B F F G N M V X R E V E R S E F A D E T J F W R W P J
Q B L U S T F J B Z X J O W F H G R T K B C J L G R B V Y C
```

Word List

CURLY AFRO	LONG BEARD	HIGH BALD FADE
THICK AFRO	GOATEE	SHAPE UP
LINE UP TAPER	CURLY FAUX HAWK	FLAT TOP
SHORT CLEAN CUT	DEEPER WAVES	BURST FADE
HI LO FADE	CURVED FLAT TOP	STAIR STEP
TALL FLAT TOP	REVERSE FADE	LONG TWISTS

BLACK OSCARS WINNERS

```
G V C J I X S W B W E V C H N V J G P F I P K L O T I Q B X
Y C Y A L G E W O C T A V I A S P E N C E R E I Z J W H V K
N B B A L E E N C R W G K N G C J T D B A U D B L B A Z S I
Y U C K A I I S O Z K W B O I B R A G L Q M P Y H E O Y Z M
E X Z B M I S N C W J D N N L H U J M I V Q M F O J M D H G
L Q X B W I N A A F L W Z P W T T U N I N A R Q D P G L M E
V A N Z B L Q A A D O L O H B P S ' T N E U W A T Z H D M O
J M L U U P U C M C C W D A T B O G E P L F V P V X B W T I
E N A U C Z Q A J E H M V W B M P C Z H T D O B E M E H X S
F S V S P C N W F P E A E L Y R U K I W E I G X V C Z O Z W
J T R M Y I Z I X T G R Y I B V W X A I M L M E X B D O F H
T X P G F U T O R X E D F E T N V G M Y M Y F I N Y S P O S
O U Y N E O L A G D F W Q N S T E C N I R P U X V Z V I R I
S C D Q E Y J W N I T H S J A K A Q Y A F C D S F Q R G E D
V Z X M W J K O O Y C O V R J G C H O S O Q Z D O Q Y O S N
T L O N E X W T Z U O A N J O N R R K R Z X E J Y R R L T E
P Z B X V E N T B T R N K M Z D O O R S K N D T B Q U D W Y
Q E U I I A K A R I R X G Y C Y W S M Y Z H H N U X M B H P
T Q V V U Z G C R Q B P C O U M Q L D E N L Z R P B H E I O
Q I E A E O S E R Q B S P I O L T B L U I Y V V M A H R T I
W T H T O H N Y L T L J F F L A K W G N H C B E L Z M G A T
S K M D E E S K R F F A W B N X A C D F P R G L W O M D K I
M H I X C M M J L O U I S G O S S E T T V N E T G M J G E E
O N C A B U A X W I A T S Z H H R Y L T B B I F A J Y D R R
G K R X I Z Z N W E Y W N I U Q N E O A E D L N I E Z I Y I
V A F S G D R U G Y F G N Q V S F O Y R L D L P B N T V V L
D J K O W Q C A F U A G I Q O W Z A R G X Y H D N H N G H K
G B K T F J E R R G T S A C O H C Y Z S B U A V F K Y E N I
D X N X Z X T U I O J R M J K W F R F Z U K J J K G I E J I
F A J S F G F L N N K E G M B D K M L V N U W M L P K A Z M
```

Word List

HATTIE MCDANIEL

DENZEL WASHINGTON

HALLE BERRY

FOREST WHITAKER

OCTAVIA SPENCER

IRENE CARA

SIDNEY POITIER

WHOOPI GOLDBERG

JAMIE FOXX

JENNIFER HUDSON

LUPITA NYONGO

PRINCE

LOUIS GOSSETT

CUBA GOODING

MORGAN FREEMAN

MO'NIQUE

ISAAC HAYES

STEVIE WONDER

AFRICAN AMERICAN MOVIES #1

```
G Q F R F N O O W X Z F T V L R G A P W M Q G R U E C R P J
N W H A P J L V P Y Q I B P O W P Z I V Q I X S H F X V N U
Y V A G C O N G O J A Z Z O W P Q C·K R F S J D I Y Q J Q
P J Q M J W K F H O Y J E X S B F H Y L F X L N V L L Q M I
U C E Y J M W A L I Q N N U T P F Z F M O P D Y R U P J J G
M H W R Q F X M Q M I I I M T H U R L X G O D E I N U A C A
D P E H Y K N Q P A A R O Y I H O D N C O L V B B N F N H H
Y F U I E F T Y T L D Z T G W M C B A Z O J G M B K G S Q N
W Q R D G H L P P W C S B K C U Y Y L D D Z T R F E G A F R
J P I S L J A X Z V Z R Y H C K Z L F C B F C T U L C L C U
F G P J H C E V S H G S I L E O O O G D U E P T Y F Q A P E
M P Z M Y E O W J A W C Z Y F F B S K A R F X Y M F Y F M R
Z B Q R M H A R I M A Y A B R I D G E F G N V L V I H K Q A
M L C T I F G Q L G G W E X Y O L E L M E E D F M R Q O B S
U Q E R Q O B B O U D S T E D X L P K K R C Y T M U F O E U
M L B K C Y E T L L H T O I Y U D C Z S A G Z M H P G B H H
M L I O X B S G S A M U R P S B B W I O U A N V W Q F N Q L
X D D B S E T Z D G C M J B A H J W R N M R J Q P S Z E L C
Y V W X S M G M Z J K Y B C A B I N I N S K Y Q P N E H P
U I P I K T A N N S B M D Y R U B L L A B A T W C Q L R B N
O L P R C M N A A N V M V Y E R P H A B F R W V B N E G E V
O S M F Y A H R C X V M F M N G W P P T Z Q O C S R Y T D P
W T X M I N O E V J G O F V V A A V G P C F W Q P D A X F A
D J B Y Y D L M D U Y A T D O A M N H G V E V G T V L I U F
K N F E E N I O D I Z R W S S D U I O Q O J E K S D R C S M
X L I P W S D O X C C M N R Z J L C T B A W B U W J N U V G
N F Y E G Q A B W E P B L R Q U U L P E Y C T Z Z S Q X Z Q
J E L N T K Y X U Q S B J B Q I J H U A H P W Y J V A D F T
B J D R J E F T K J A S P E R I N A J A M C X C Y R R H A A
C V A Z Z C N C L H H Z C L E A N P A S T U R E S W C S I F
```

Word List

JUICE	BEST MAN	CLEAN PASTURES
CAPTAIN EO	BEST MAN HOLIDAY	JASPER IN A JAM
BOOMERANG	GIRL FROM CHICAGO	CONGO JAZZ
BLACK DYNAMITE	LIFE	HARIMAYA BRIDGE
GREEN BOOK	CABIN IN SKY	FLYING ACE
ANM	GOOD BURGER	LET ME EXPLAIN

AFRICAN AMERICAN MOVIES #2

```
M G E S V S M M J P H U K H I G H E R L E A R N I N G O S Z
N R H W Y L S M R C O N S T E L L A T I O N O M J L J E Q D
M B I J O Z U V X Z X T C J E P I N E B Y O J Z W D R O G T
B Y A T S B Q W E Y Q O D O L W Z W L N R V X P R U F E C R
B Q S M X G S B Q W W D A Z Z A J F O Y R C R C T Y B I E R
F H J U B Z F V T W K M W V P A F Y X Q F S Z S U N L A K J
N B R G M O F F B I E S W J Y C Z L W A E V A Q I T N F P K
X S B V N H O E Z E D U N T W M B R M U Y P Z U Z W F E V X
D N L U C I F Z I P B Q H O O Q X D L W N U M J B L V L X V
H X X A F L C U L G T R G Z I U Y B H E I J C U P O L K K Y
C N R G L F U L E E E N K B F T R J E O T P D X O S N T U B
E C A R Q T A B I E D G N R N A A R N R E V W R C U D Q L I
U G D T X K U L M A Z M O G C S G T J B B P G T O Z X M Y H
U R T U R T F I O U A N D X A C Y A P L S H J F D Y W H B K
O E B K O Q N V A S I C O G D K V P U M S G G B E W A R E R
P A H X J U L N M T O B J E Q O J E J U E Q M Z C W Y L U E
U T N J T M H B G Z C L O L U G S Z R S H T W X J F L P L O
F W U E V L N F I C P F D K F T M K V G W Q Y I S B B P O N
N H S T A N I H L R E E T I R K I X G B G V N B W C I Z V V
N I J L F P H W W S E X S E E N J E P V K K V Q F G D C I B
B T W Z L H D I T G C J A Z Y R G B Q A W R G J X E Z Z F R
A E S J Y V D W D T B K T W A Q S B A E C R S C P H D H F G
F H Z R F I D L G L L J W A C A C R L V K Q T O O Y F E L V
W Y V E Y E B C S B A M M T Q Y H L D L T K L V E P M U U B
P P U J U J U N Y Z E P S I X T H M A N O D C E S W I W W F
W E G O T E L L I T O N M O U N T A I N M Z Y R P D V X H T
M D P C T Z J X Q P G U Y S I V Y V O K C S Q V D A Z Z A Q
E J U L I L W K W N S A B S A K G I M P N R P M I R J M W C
T L H H F Q F K P S Z O G C T W D O B A I T C D P W C L A Z
H W G P K I T W X R P J U Q Y Y G C C F B C Q F Q K L E C T
```

Word List

BUFFALO SOLDIERS	KRUSH GROOVE	GO TELL IT ON MOUNTAIN
CRY OF JAZZ	GREAT WHITE HYPE	THREE MINUTES
DEF BY TEMPTATION	CONSTELLATION	SIXTH MAN
BAIT	BOX CAR BLUES	GREEN PASTURES
HIGHER LEARNING	BAMBOOZLED	COVER
BLUE STREAK	BEWARE	INKWELL

AFRICAN AMERICAN MOVIES #3

```
U J V N V A Y Y K B T B E T C H B N X W M F U J A A U O S D
I F A J U N S H C W C G B F C P T E X Q A S J X O D S E W O
B O N L I A E S W E W E T C I W E O A R V I N R P K C Y B N
K J W C J M F F M G W H W C O L C V H M S A Z A D I M Z D Y
D I W U D W L L W M Y R H O J M F A E C L M Z K O G G P J U
I Q P H D F O S E F C E A C V N I O R M I A Q H H M A U T A
A K I Z I C G G S T A S T Y G S G N E I V Q C Q L F L C W C
N S Y M U A A J J G Q V N A S F E Z G M B W N G W P A D H Z
R Q X G J R X S D T F S O V H F R D E T A G T F N D K L A A
Y Q L E O T Q S C G P U W F L K Q V W H O G O Q X R L T V S
Q I O Y A E X L Y R N S N I X L I A L T A A A L E W N A P D
D P Q V U R R A G N X C J U H G L L R B H Z M D D O C J L T
J I W Q W ' F A C B T L O V E C H R O N I C L E S D T R E W
Y O L Q N S E T N Q D I I M V Q X L E A Z P C K R Q A H N S
R H I O I A D K A A U H Y B W Q J U D H U Q N O U I W C T T
K Q N H Z R J B I G T I M E R S F I E P Q X T I E R C L Y C
M D E M Y M A D W V B I K C T T Y R Y R V A D L P Z L A R V
P M W T S Y D Q H T F L G L E L U C D P P D M S L O V W O M
X M A E C U E A O W D C A M F T T A Q S O V T U B E W F R C
W K T Z N G L R R D G C P C U N O J Y T R A P E S U O H L N
G I C Y J Y E U K K U X F F K O B E B X X Q Q H P F H U U W
G O H O I K S E G F T V R F G N K L C E W H V V C G M O P M
W U O E J B E A P Q Z O K T N A A T X E X C M W H A E W B R
S A G D Y U E T G V R F W G J C Z T O G G Q A C N D N B S X
K F F R F I T A Y B B B J N U A D K I I M A G I N E T H A T
K P U N G E A V I T U K M L R W P D H V I Z T W L F U M P B
G F K I X K N D W J J C A W P E A P L S I Z S A H I I Q S Z
W F N P X J V C G K X B X Z S J V P I X N T C T Y V O G Q N
U Y C S P F Q N E N Y X C U A A J U O G P H Y U O H B Z W C
C E J E T C J Z C S X O D I Y J O J E A I O M B U P Y W Z G
```

Word List

CARTER'S ARMY	BLACULA	BROR FUTURE
COMING TO AMERICA	BIG TIMERS	LOVE CHRONICLES
GAS	LINEWATCH	DA GAME OF LIFE
HOUSE PARTY	CARIB GOLD	BLACK NATIVITY
DARKTOWN REVUE	CHOICES	GOOD FENCES
WHAT NOW	IMAGINE THAT	HAV PLENTY

AFRICAN AMERICAN MOVIES #4

```
Q B R T Q E Q W E Z V C F L J N J E R V Z C N G L V B A B E
Y I O J X D N Y Q S N E T I F B J F J P L B C X Q R Q P F C
H X L Y D H Z B E B M W N R P D A I L D H N Z M T M Z W X X
F G P A Z V Z N D O W N X I Y H R Z Z D S X M B F T N Q O T
H G N N J N O Z B N L I T T L E M A N J Q D Y W C I V T B K
U T C C D B H V W D L G D E A T H D I M E N S I O N G P E K
M U L O L L U O G P Q R N S Y T Z M G K H U N D C G X I S V
Z G J C E L Z S O D Q S M U H S K U K O G Q T D U Y X J L Q
J U A R X I D U U D B G D G X L M O I X I J J S T O D S B M
S K A P A H P X F S O R I E N I D J N F H F U L A Y O M U I
I L I Z M N R U V R E N O S E B W Q P G Y L M T I K T L L T
Q Z Y N E U O I U I F J X W E D X W J L E V P S S T I G I I
Y M Z L G G F F N O T Q F L N U D S B D L R I E G B J D V B
V S G A E S S S T N Q S L O W S C O M B O S N U N P O C E W
U E Z O P H R A T I U Y I P D J U R O B O G G G U I I B A I
L X X Y U V E A A V W S I N G O A G Q G C C B E I D V B N L
F T F L A H C D N L E S Z U P K O K A D H H R S Z J X F D U
D I O G N E X X O S E C X B G A O L F R P W O U G B S S L X
G F O I O A C C Z N O H K R K L Y K B X F O O O M S P B E Z
G E I G O R J Y G S W M H J X N U I H Q X H M H H B T Y T P
V R Z S P P R H I ' M A G R O W N L I T T L E M A N N N D X
P T Z E Z X B P G O V X P V F Z X C C W D U Z X I F H W I C
A Y K E I R F K D Q M F S N S S Y B X K M U J H Z J R L E F
U X I E F C H I F M M U J Q K R Z X A N Y A J J T N T J X A
H L N L U O G C L D Y C F L G M H B Q B O J S G B T M B L A
K T V P A N M N D P X B O N D H A F O E Y K V M R P S J U Z
P X V K H Q B L U E H I L L A V E N U E I B R X T L I O L C
S W G J O T M J W O C F T Q Z N W F J Y X D O O Q X P E F B
H S Z K A B L D Q M C R R B F C U A T Q L W L Y D A D T O T
F R O S I N R S Z E V N E F O D E H C G T P M Q R X O D D L
```

Word List

BLUE HILL AVENUE
BOYZ N HOOD
JUMPING BROOM
IN HEAT OF NIGHT
KINGS RANSOM
HOUSEGUEST

I'M A GROWN LITTLE MAN
DEATH DIMENSION
BELLY
GOOD DEEDS
GUN HILL
BONES

BROWN SUGAR
LITTLE MAN
LIVE AND LET DIE
BABY BOY
BLOOD OF JESUS
COOLEY HIGH

AFRICAN AMERICAN MOVIES #5

```
B I Y H T D C A F R I C A N A M E R I C A N C I N E M A N X
L X S H A J U L E L L A H A K Q T F Y T R M H V A F V Q Z D
L E V R S E D C L B M S C E Q A H R B B M T S Z D C H F V J
Q J A F H S H Y D P E J O Y G E Q P C M R C C O T A J C I L
U B L K L E W A M S U B W E A E I N Q N S D Q N G A Z V V O
D P T C E N K D P N P Y I R L R O I O N Y O W L N D S U L S
A N S T S N I P G S W E N T T J P R O M S W L O V I Z B X K
V X S O W P I L B U U O M D S C H I K A Z R Z F X S L C B M
D D U W M E E R U I E R A B U T T E R S E J U Z S A X G H T
E W L D D F L H S V F O Q M I A O A M P W U O C H P O F T W
K A L G E J B V I N R V V N M H A Y P Z X S V W S P E I U J
Y H L V J V N L E E G P F R J H M I E F F O J C K E M J D Y
W S E L E B J N G Y W L I I I M R S D L D K G B S A Q Y S N
K R L X E W R E A E E F K Y V D G I T W R R B N J R K B H K
V N W M P Y L L S M F A I F Y E V C S H J O O U Z I M U E W
P T S J T L E K A A S K R E H E H N T S R B S P X N I Q E E
F B B L O R R Z R Q I E N S Z D L E Y P H U K Y B G O C E P
B H Z C R S Z U O K F O I W A Q D R A A W J O N Q A F J C B
U J A C K I E J J N H D E D B S Z V Z R C P I W A C I L B Y
H C A P J F G C V H M Y N N A E L E H Z T W N S M T Y U Y S
H Q X E R Y R D L Z R E R R F L Y A V Y X B P P X S H Q J O
N E D R Z I O H E L T Q V T O I Z O V R N G E T A B X N V W
Y O B D E V L T K R V R H C D G A Q N E K V R A F S M R P W
E C O A K Z J F V I O V N L T U S U W D B Y S R T Z G J P V
Z C S Y F D D C O D H L E T A G Y M L T L Y O X F S U U Z R
U Z E A V J K I C O C A O R A D O Y D K Q I N W G W O H M Z
M Z X B Z P M G V C L Z J C G Z H N J K H E G H W W R D O W
U V D C Y K M R T K J S L P R T H Z A F M X T H W I Q C V I
H M W F D V T I J R Y I I C Z O G Y K O P H N H T U B L T W
M N E D Y D N W D P H C J H O Y F J O B F K I Y S S L J M X
```

Word List

AFRICAN AMERICAN CINEMA
BUTTER
HEAR NO EVIL
HONEYDRIPPER
BOSKO IN PERSON
COLLEGE ROAD TRIP

FIVE HEARTBEATS
FOR COLORED GIRLS
KIKI
LADIES MAN
BEYOND LIGHTS
TWELVE YEARS A SLAVE

APRIL FOOLS
AFFIRMATIONS
JUNGLE FEVER
ALL EYEZ ON ME
HALLELUJAH
DISAPPEARING ACTS

AFRICAN AMERICAN MOVIES #6

```
E A N N A L U C A S T A H H X G O E Q M M M R J V X A T T B H
P M B Z O A Y I T A F P S Q E O P U N M S K I P Z K A U I L
S R L S Z C S E L B F Q N C Q S O J I N N P I H O C S H E D
D P F T U O S P A Z P A C R J P K R P U F A P V C T Q F U M
R N C P Z G Q P V K T J E I V E D L V A J Q F T I S H F M N
E G P T V K F I K H O P W I Q L A G V Y R O W N T T J P F N
B G A Y F C Z M U A Z Z Q H F L P U K W G B ' U D A C Q N J
N R W G O L D E N B L A Z E F I X Q P H J L X J C J W L T R
H H Y W S Y S W Q C S W L I Z V B R C O O S E X N O N G X G
Z D T E U O C T F X X O L L L E S A S O Q O D B F S P H B V
M V E T Y U M N O Q Q O F O A E D E S M V Q D U A W B O F W
T I B A S U K A W M H A Y X S B H E U D I N G O C Z P K E T
L U W L T Y O C N A E M D M M I O V H L U V T Q B N O T I S
U D P I X H N H U N I V B U W E N U N C B V Q J Y I A O L H
W Q G A U W A J G L U L U Y P W Y G T C A S S A L C R M A A
A J X Y U B O T X P D G E Q D B U O G B O O G U E T D B N K
Q L V S Y R O S A S Q R K Q K E T A B R E O C N E H B O V M
G V J P Z W O F M F D X A C L X T R K Y O N Y D I X S T G P
C Y E C W J K T G T U G X H A R U R V X D U J T D S C J V G
P J C V U J U X A Y C N B M V L W L M Z A L N A C J Y F X V
S K S T R O Q W X M T L E O T H B E U L R I E D M K U D M T
O V E P A X U H Q R A N E R D K Y E O Q H X L Q F I F F A J
A A F K Q O E I E C K N Z Y A E K G W L A Q D Q W L N H R L
S Z O L G X N B K P K C P F K L I U R G R B C C M K Q S S I
P C J L P J L L W J R M H C G E J H G S R V B Z P C W Y O C
T E R G G A O Y E M G P A G M E F W B F I N J H Y V Q A Y W
S F M M T L Z I L O G L F F A R C L E M E N T S S T O R Y Q
T G N A I O B H Z W B S X Z T K S V M U T Q G D E L D Q B N
X K F T A G H W W U E B W Q M Z E U H Z U N C E Q L W R K R
D O A H P A L B I X R A A T A A K C L M M K Q C T G I F V E
```

Word List

JINN	HARD LUCK	BLACK LOLITA
BLACK EYE	DETROIT	ANNA LUCASTA
LOSING GROUND	HARRIET	ALL ABOUT BENJAMINS
FAT ALBERT	FAR CLEMENTS STORY	BLACK GUNN
GOLDEN BLAZE	CLASS ACT	LADY SINGS BLUES
GOSPEL LIVE	BUSTIN' LOOSE	DEATH AT A FUNERAL

AFRICAN AMERICAN MOVIES #7

```
O B A K D H K S W I C V V N R L N A Y G C W M S U A U U B B
P L S B H M B P N W D V U E X X W C V R R M R R D N V G I J
N A S I F W Y Q X M X I B W A U E J E H F O Y X J N Y X L
H X F K N R D K O R X W C E R P B U C K T O W N R B X G X D
Q P Z E K C D R Y L O N G S O L W L F O N R H I W Z B S K Z
G L G R B Q D C A N E R I V E R B M U I F M F Y C T B D Z D
Y O L B I M Q Q A M E U B M M U O K M A B O U W L S D L R G
T I U O X S Y U Z D S E K U B T D P K U H G U E B O Z F Z Y
Q T C Y C N X Y I N S E T U K A I R B M V J A R C F Z N P D
V A X Z Q X C S E S K W S C S Q E E G P W L D Z B E H A H N
P T F X V U T C I G R H X Y O O P T Y D R F J D X R T X I D
J I Z T U U P E Y C M Q Y G X N W A V E S E Y Z T Z O U S B
I O R A O F L Q S A Y S D N M X F Q S Y A O M B T J E R L Y
S N B R X Q Y G M Y W U P X F D Q I Z F X B Z Z C B M X S J
P M O X Z L R A L O C B L H G K U M R A J T R H R S V B O S
Z R C H X D D Q M H I P K X U V Z S T M T R O U J J E L W Y
B X K B S V D J X I O R E S T N X F P A C D B A S P I G A
M Y L I M A F L A N O I T K N U F S Y D O T Q S U L N N V D
D T J C L R N B C Z C H U Y Y T L I T L F G I A D H R D P E
A R A L I Y J A N M A Y O A Y U V D A O A P V O O R P F U R
Y U D Y Y B E O L L X X K G G N C T V C H F X U N W B A B A
L J L T F G X I T S B V O N W Y E B D F C S R R W I S I A E
S U D J I S P M W Z T E O M E C X L G Z F O G T V V D T N N
N M V C R W A D S M Y R C M I T M Z B W F I J S H B A H I O
O E F O E F D A N H D C E T X H Q L F C U Z R L W F J X E G
N U Z Y M G H G X S K P Y E V Z Q K H T O R D Q C Z H Y C O
S M B L L A C Y T O O B P U T F Y A N G V S Q S X X U S Z U
Z S I T C R N U N Y N Z A U C O O M I P E G X C D M W D V P
S K L T N T Y W H J U H P H I S O X L K K C P T C T W E R R
A Q S Y A M K D A L E I P H M P V Y O X V O T C P B O M O P
```

Word List

BUCKTOWN
BOOTY CALL
CANAL STREET
GONE ARE DAYS
BLAXPLOITATION
BLIND FAITH

IN HOUR OF CHAOS
FOUR BRORS
BUSH MAMA
CANE RIVER
DRYLONGSO
BESSIE

CHOCOLATE CITY
BIKER BOYZ
DYSFUNKTIONAL FAMILY
BROR OUTSIDER
CONFIRMATION
COOKOUT

AFRICAN AMERICAN MOVIES #8

```
I I U G Z S K Q S E N O J A R T A P O E L C F D S Y N I S R
P U I R R Q U O X E Q T Q A L E U J P I E A W W O Z M A N U
V R S B A D B O Y S G N I H T Y N A D L O H I X V R C T E C
E X D X F P X K P I A Z Q D O D E E K D F I C Q T E C M X F
R V G E C C Z C P H L W G B J V M G I L S J Y V U J N F N Q
N O N C Z V U E K A N G E L P U S S S Y Y O B M Z U R Z M H
O X C D V S X T X O M M X A A J L K O D T W I C G P B T I T
T H Z T L I G Z W W Z W S F B Y Y B F D V O K J S I D D C T
S U X R H N V N S A P Q U K R O D P L W I W C J I S Y T R P
G Y J Q Y P R J B I X E T X U A U X K P T D Y E V U Y T C X
N D B X Y X Z K Y J Y Q V H B V R T E B X H X X M J Q L E Y
A O L O C O B D Z Y E Y K N I K D C L G L O E P X G U L N A
L U Q D A Q M Y J E O R U P M E N B C A U O Q I I Z V Q I N
R B V E X R A X J C G D T S R N B P W F S C N S M W X H U Q
O L A O H Z D A E T H O Q I R K E Z U W O T F U W L J Q Y G
F E A X I H Y I M S S G N S P B H F D C R Z N F U B G E R Y
G P M I E N P P N S P Y N O C B V A S K R E V I G J T A O P
N L Z H Q I A O U G X G V I R A L R S Z B V F Q G A J Q T O
I A U M Z V O Z F T H K D A K X D U M F Q Z I M I H M X S K
K T P R X O W M N K L O C J W S X U E L X O G C W Q T R N N
O I R J N K X Y F T R O U R F G I S O C P X O T D U F O E U
O N M O C W Z M P P D I D S C I H K U N A S C C K N Q M E S
L U F A D A K T W F N C K A E V W E C E S P S C J I G A R J
M M S W X U N Z F P I X C H M B W R B A S X R T L M C C G P
P V S T K F L F Z N W B S U L H L K M Y L H A I A W U E T Z
H F D Y Y I E Z F H A V U G P X M U O Y W B Q V C I B R S N
A I X S V Y T F O B K E P O D E D D E X E H U V B E B H E Z
W Y T Q U Y A G U E S S W H O R G H J S D H W K B Y J G N I
E D D L I L O V E B E A T S R H Y M E S Q G S D C E B Q R S
L L S J Y L J D D D B I G A I N ' T B A D H V Z K P W W E G
```

Word List

LOVE BEATS RHYMES
ERNEST GREEN STORY
KINKY
LOOKING FOR LANGSTON
BAD BOYS
ANGEL PUSS

BAD BOYS II
ABOUT LAST NIGHT
CLEOPATRA JONES
DOPE
HOLD ANYTHING
BOARDING HOUSE BLUES

DOUBLE PLATINUM
GUESS WHO
ASSOCIATE
BLACK IS KING
BLUE CAPRICE
BIG AIN'T BAD

AFRICAN AMERICAN MOVIES #9

```
D G S X G D F T K S S J K W X O V D Z Z E D Y R S D X T O V
Z R O R I A H D O O G L D M V W A K H L N Z G Z G E B Q A X
Y M S O I N V S W A Y I V Y C L E A R N I N G T R E E O M A
M D Z S Y F J I H X K P E R F E C T H O L I D A Y B P F A P
P E H O R S C Y M D O L E M I T E I D F V Z X O A F K O M T
K G G O P U C C I T N C S U G Y I P N I V J D U K Y G H T L
C H I A V Y T P H Z E A A A X A W N J S U B A L E Q Z G E F
A Q R Z F I S W F H M L A D Q D Z I R A R Q C J V U Q I E H
G G S W J H N Z B G E V J N I Z P O J L Q Z Z E F X Y S R S
T S T R E E T W I S E U P E D L L Y P O A K T K V O C N T B
E P F Q W Y I J R J P H K J E L L V W N O X X J N U Y Y S K
T R Q M Z S X O Y K G M G H B K I A E Y A S S E B W M R E B
R E K Q Y I G L M K Q E F O U Z X W C R J I W K D P Z V L U
V Z X J X X E F E P O W U L X Q J J A R D L F Z W T T X A I
Y V R Y T M S Q F U Q N N X I X Q B W U E K B T Q Z A M E Q
K S I G N Y D Q M M C O S T K P B D L M R C E A C J A P B E
C J Z X X P D C V E V U O S H B P P T J K Z O L G C P V X P
W A N Q T S L W H P D C U T P Y N H N R B U V R F S S L Y O
A I V D A K P A X U Y M L M K X D V C Y L F B Z D L E Q J E
A N E E O Y X K Y I D M M T W L B O P F M X S Y D S U L V M
P G O T C A L T Z A K C E C I H X Z X H R T O M X P E J T A
D N O N E P A H O L S O N W O E W G K I A P U N I P J G C G
U I C A M V Q T J R O B E F Y J W T A Z F M L Z H K A E A R
U X R W F N F Y M P C L A D K C Y F F C F E F V X K D L X I
X I D O M U B B H X D U F L E P F V T X H O O Y H L M F H A
R M M R O P I U T I B B T P L A M M L R R J O A J K M K D F
Z W E E B L A T I N D Q I D J Q G B A E H F D C R Z F K M J
O K T H K D K Q Q E L H P A U M G U T T R U D X G Y U C N U
Z M W J R I I D P L A M T O U I X H R K H U C E F R G L G P
Q M J F Y B N U P U M V K P V H Q C U B L U E C O L L A R D
```

Word List

IDLEWILD	AFFAIR	BEALE STREET MAMA
HERO WANTED	FAIR GAME	LEARNING TREE
BLUE COLLAR	DOLEMITE	GOOD HAIR
CADILLAC RECORDS	SOUL MEN	PERFECT HOLIDAY
PLAYAS BALL	STREETWISE	MIXING NIA
SALON	SOUL FOOD	ROLL BOUNCE

AFRICAN AMERICAN MOVIES #10

```
D S C W S T R P H M C Z K R J K R P B J Y X N F S C I Q X Y
K Q O B X U P Z O M E E U L H B S G O M E N I N B L A C K X
L X A D S M G D L B B M W T F D C W L N T Y H E O C A M Q P
B N M L S C H A P Q Y J P J Q J J H Z D Q L I N L P X J V Q
W G S F W R N J R L D K Z H E B M E X H J U U F C R Y T D Y
Q T Q L Z F E G G H J S R M I M Z Q R A Z R G E K E G E J Q
A S U O S G N S E Q I U Y U S S C P M H L P I V Z A S L O U
Z F E L X B Z K J J S L E P A T H N M P O X A X W C D J K E
F N S F G Q I L Y I O Q L S A A O E V C R I P Z H H G P L I
I D T S T V L O U I S B L U E S I R X E J E X J W E Q A K M
S T F W K V S L M P G J A S V Z H X M S C D U W U R M U B F
P V O Z J V S A B N P D Q U U T A N S Y C N F W L S O L A T
X Z R Y B R Q Y L O C D O P A K U R F F W K U G B W O M Z C
F F F F N M C F R L S I O Z B C Y G G P E E N J P I K O M B
Q G R W X M Y G L X B O M Q I T V O R K U M A E K F R O B V
X J E V G Z S N E I G P A M T G X J D O K M I T P E W N K H
K A E B F A D F A J T E X V B X J I F J Z L D T H Z H E J M
P T D F P Z K I C G D U F H Y Z K P U G R Y G V X E Q Y E Z
U H O R F Q G G K Y O M L L H V G X H U M T F A Z Y R T P F
Z I M T L X B G O T N H B I L E V R P O D V H L W M E G E Z
B N C D B S X I O Q E O A B R C E R N P P O J Z K O Y V T Z
Z K A Y Y E N J O R A S W M S V C S S W N N X O R Y Y D E F
Z L U A H N T X X X M L P X L V D W P T D R C M P S V B U E
U I H A F S H Y G F M U V M B W J Y P B V N A N A W K T B K
A K B T Q E W Y S K L A T Y E N O M D Y F N N M G C T S B I
Z E S K U L U D K Q T L U Q P J B Y A F V E A H W J G D O F
P A U B K E A R E K L A W N O O M W V W E A Y K P P O B N H
Y M L A L S G P H R B C B F F Q C I Z S H A F T V W W N R M
K A N E W S J P T C L H G C V B P D C C Y P M C U J P W Y L
V N C C V I E W Y D G Y E X C X X R X Y E N O M ' O M A D F
```

Word List

MO' MONEY
SENSELESS
MEN IN BLACK
PURLIE
SUGAR HILL
PREACHERS WIFE

MOONWALKER
MONEY TALKS
STORMY WEATHER
PAUL MOONEY
METEOR MAN
TIME

THINK LIKE A MAN
MEMPHIS
QUEST FOR FREEDOM
MAHOGANY
ST. LOUIS BLUES
SHAFT

AFRICAN AMERICAN MOVIES #11

```
O L A G Q C X Z H P V I V P U E G N T G Y Z A R C O S U O Y
Q L D F K C T N Q L P B B T O X R D K M W W P V I C C I Q O
F S C P O C M O K G K R Y F O E H C U C O M X G S F L J S R
O I G S W D Y R A G S X G X H A A F J C J M V A S A N Y S B
A I C C U Q N U W X F R J T Z L A M V E U Q F Q Q V Z S U F
U R Y S T F C W D D L S O E B H Q Q H Y V V K C V R B L N U
L F O D X D U M E R P R L N Q H V P L N C V Z R H P C L U R
K O S O V K K H U H B C I T G M Y I J E U K W L F S I C W O
J O V O Z Z V B O R M Y T C K Z D Y N Y M Y Q T M U N P I Y
K O L E N U M F E R N F Z B H M L X O B Q A X O W G N F L A
H T S F J Q V V J O H J A P K V F S X R E R M P N W A M D Z
E T U A U O O S H X Q Z K O F Y J F O L O E W F V O P I W Y
M P I D B C N P K G X X M I G B G E S S L X F C X L P S I V
D P Q V R A M E X B V X A I G M R F S G A O R U I A I S L E
P G O E B Y B X S R W J P E B U X E N Y S C B A X V L I D S
K Y D R S C W B M X S G B M K E F I B X H G M O G D Y S W I
B N P D G C O U A A M V X F U O S H G M J K F S U V E S E U
U Q L C T Y O B R A I D Y Q R J C Q Y I H T A L X W V I S G
V N A X W R A S B X N N X P D H T N N P G X A X C Y E P T S
H Y Y I A D O N Z S M N Y S Q I G N S Z N H Y V P L R P K I
Q D E C S F R I D U Y T S X R V M E A S E V P Q F P A I Z D
T T R A L X S W S B T I O G F E K T B C M B Z X H B F M O N
I D S E G P H E X U E N S J P S P L R M N N R A B T T A A I
V A C G U S O Z N D F S W N K H V E F W L E I A Z N E S H S
U R L C V V C P L M O Y S D F L P Y N V Q R M Y H B R A U E
W S U N V W I K B K I A S J N Z Y E B T A G X E V E J L B I
J V B M J D L O D A P H V G E R W L L P A Z S A T Q A A G P
C T R T U W I X Q H X U G E O Q E N N V V N N V Z I A D E S
H Z P P S O B Q I L L W C V A N I M B F J S C S D Y H Y F H
B J W U T H I N G W I T H T W O H E A D S T S E Z U G W F I
```

Word List

TROIS	YOU SO CRAZY	WHITE MEN CANT JUMP
SINGLE MOMS CLUB	PARIAH	THING WITH TWO HEADS
PLAYERS CLUB	LOVE JONES	PORGY AND BESS
NAPPILY EVER AFTER	WILD WILD WEST	REPENTANCE
SPIES IN DISGUISE	MISSISSIPPI MASALA	ZEBRAHEAD
SYMPHONY IN BLACK	NUTTY PROFESSOR	UNDERCOVER BROTHER

AFRICAN AMERICAN MOVIES #12

```
L K N M Z Y V E S C M W D F T U Z V N M E D J M B P B M A Q
D N P I D T W L A I R Y G N B O R Y J A W K N Q M D W A A Y
A G V D N U D R J L X E O Q P S Y U R X C N X Q V T D V L F
F J C C C S L L Y Q M W D M T Y R G P X Z C H Y O L C V U X
E O V Q G O N A F T P P M H Y A C X U L C N S F N E I P W C
Z H R Q V F F M Z Q D L H Q O P K I A L B W G W L M I J X N
W Y X B F A N Q Q J I L N E C O A J E N C Y A Z L R V V Y T
I I I K C A L B N I N E M O I H K S U W T W M O A W O A X O
M C W L D I D M M Q V K N Y A H T S T P T Z A D H L C L I H
K S T R W P P L L A C U L A Z H X I U I B J G G S B W F J T
F B G K R J E O A H A I W S C V S S L M S G U J R Q P V L P
R C E F Y J T G O S B B L O P T G A U Q M M R W A V U M S A
F Y N X T R E Y W D Q O W N K M W A R Q N E Y N M A V G O R
C P K R U Q Y O Q B A Q D O A E H P Y C W D R O O K N Q E I
P Y P D M E W T X D C D N F W E W G X T M O L U W I K S P S
T O I T N M H M H X N E V S C T P R A A Q U E G D N O O I I
U D C I A P E H K P C Y X A X D O M R W X H I D N H C X O S
S S K Q Y K A F J K F A G T M A W Z D W T G E W E B X R W B
K R U B U R T D M M O E M A Y V N E C S B W F X C D R B R U
E L P P G I S T G I W U D N U E K C C I S V A W N K U V Y R
G U M Z T J T B P A I D I N F U L L N ' O A C Z O B I Z B N
E Y I E C V R D S Z D A H C D P H R R I E I P N Y Q X I H I
E F C X E M A P Y T L L F W X G A E G G V V X A Q Z O Z N N
A F G P F P W W Z M Q P S U U Y H V T L R J L F C H O O B G
I K G J R R G G I E N W C I T T S P E E D D A T I N G M T A
R F R N E I E L O G T O W A O T Y P J M Z H M H J D W V N R
M D O V P C W Z A B W O C R Y A Z S E C A L P S I E C A P S
E T V G P M A H R D Q D B M G K E V I R D Y E S R E J W E N
N Z K I P E B V Y H Y Y I Q A L E S X M Y O L Q Z G W A X Y
Q C S Z O C J N C O M G A T S N N W E F G B K G E D U A K Z
```

Word List

MEET DAVE
NEW JERSEY DRIVE
SPEED DATING
PAID IN FULL
PARIS IS BURNING
SPACE IS PLACE

WOOD
MEN IN BLACK III
PICK UP MIC
MY PAST IS MY OWN
TUSKEGEE AIRMEN
MY BROTHER'S WEDDING

A SON OF SATAN
PERFECT GUY
NOAHS ARC
RED HOOK SUMMER
PETEY WHEATSTRAW
MARSHALL

AFRICAN AMERICAN MOVIES #13

```
S T E E L M A G N O L I A S G L S W P M M C G H T M I W F R
M O ' B E T T E R B L U E S M M E R I S M Z S L K Q N F O A
H R P S S F A V Q W I N M T B D Y I I F Z Y F T I Q T S E N
M R P R N L V P V Q E F L P O R T D F Z Z C M K J H M J G P
U S D V G R R O L R D J N T U N H E M E B F U O K C B T Z A
T W C N F N S M L R U J B C M S E O I J X C M R A G D Z E J
S S J A S X K Z T W A D G U U Z P R V U F D P L G N U H L S
R S E V N E J C V T P K W A S G U D N T I X W H M C S T K O
U O A C Z S T V N H O U L Z T I N I C S E R N Z O L B X A S
E I U C R N E I Y M D Z L J N T I E E K L A S E S R P J Y T
A N Q Y R E Z W T Q G Z I N R A N J P E A A W I E K W Z Z I
Y D D G U T T E E O I N N Q W S V O R K M J L A Z X Q G Y R
T L R G B T Z O T H F P K F O S I K D O B O S W N C P C Q C
I K P U Y I I T F Z D F V O O E T S A Q O F T C L Z I A O R
L P X P B K F U S A J B A G H E X X X Q T M K X Q X T H A
D B C R R N O H R Z E I W J E J D K G G R Z S V L M I I J Z
E D H J I A G L E I V L T B M E G P J K R X M G G A S G R Y
A X A L D H W G Y P N V L N E U U X M P M U T K I N T I E T
T B K R G P A D R P F C C I C F E B T B I Z L T N F C X H X
H Z P P E R Q F H H Z W E B N T S T I M U X C I Q H T D M I
D A I J S O I C A F M C Y S J G T W E A F U U W A A U A D P
O Y H N N E K V M C B R I W S F N R G S D Q G R S J F H W F
U B V Q R E Q X Q O H C V O C A P E S A Y S D M N W J A L J
S O X Y J R M Y O C T I X N J F N J G T P P T Z E B W M U U
P Q Q F L H C L R F G R B N J O L D H R R G G Q C J I P P V
A D I F G T C I I M O F P Z A Z P G F Y O N D Q D U T D G A
R J I X C F V X E S I W O R U B I F O R O A N H V Y G T H R
T I M P T A X K Y J L S E I T M L R Q T O Q S P E P O Y P X
P R F V L W A G X T D Y M O U F O J Q C F G I S G W H K Q R
E M E T A H E H S I R J X I O Q O I D N K U I X S I Q A A N
```

Word List

PRINCESS AND FROG
SHE HATE ME
ROOTS GIFT
RICHARD PRYOR
MIGHTY QUINN
SET IT OFF

RIDE OR DIE
PREMIUM
UNINVITED GUEST
TIL DEATH DO US PART
RUBY BRIDGES
STEEL MAGNOLIAS

WOO
TALK TO ME
MO' BETTER BLUES
THREE ORPHAN KITTENS
SECRET OF SELLING NEGRO
STIR CRAZY

AFRICAN AMERICAN MOVIES #14

```
T G S R K P Z C Q F J C L B O T I S N U X O O C Y R X U P T
H M G C P Q U O G E P Q E I M I I T W O X G Y C M Q A O O J
N P H E E U P O P P S E I D A V J N T C T G P T Z E R C Y Q
Y I H N X F G S O S Y V E A N H G H P E T O H C X R A N K O
V X E I X V Y Y Q A P S Z W O I H N P A U Z R G O A U E D H
Q D U M F O B P A J S D O Q F V G J I Y N Y C I E Z D S A H
X J O F Q R O P T E L R J F I Y Z R O W T A B K O Q D G E J
T V Y O X T I G S L B R F K G O U U C X S G L V F U F I S Q
Z E T N D I W B U R J L T X A F H S W K I N S L Z G S K U Z
J X U A X E O T O W X C Q Y G R W J P H Z P I A E B S B M P
S F O M R S K T R L F V E Z N U L T T D O T H Y N Y Y T L B
N Y H T Y V S Z B F T U R V I R L D J T U H X T R Z C K C O
T V T A J A J I J O X T O F F H C E W A Z J J F G E C A M K
H A I H P M W H Z O I F C T O Q F V K J A H W B P A T M T C
R M W T P D W I Z L I V E Y N F T Y X G U E Q N L M R S N S
O P R Q K G M K J N B F O X O O M U E D D E G B O K L O Y X
U I O T A K H J M Q O V R D S B O H H K V A E T M I S S Q M
G R H O A Y F S U Z A N N E S U Z A N N E L G L A A V L K X
H E T N H I D K E I D T S U M O E M O R I W J J J G L Z G S
A I I G N G T P I U F I H W F M N E W H M P O F A G Q V F L
L N W U A P X S Z T V F U S M T I E W F H T O T V P Y C K X
E B B E T I F Q D H Y R B J M Q O G A X S T C D W D C L I C
N R S S T L G Y C O F Z I W C B N P T E I L J M M W A P G Y
S O V U U I X H C E M L S R Q I H I O A I L K R O M G I N M
D O E N R M P G B M C D Z S L R U G R I Y H C F H O J F D V
A K Q T N V X M M Q K E D E J B A T P B A G Z E V Z C M M Z
R L U I E W S C R E J D V Z K E R R L A O I V V V D F Y Z O
K Y K E R G P J U A H A R W D O K C K B O U Q X O F F Y O F
L N D D S L P O C G R O N A P D E B B S E Y W E N O U R O D
Y Y J S R H V U D T V H M Q J O O W X T V L F A T V C I B X
```

Word List

SUZANNE SUZANNE
TRAVELING WHILE BLACK
MADEA GOES TO JAIL
WITH OR WITHOUT YOU
NAT TURNER
SON OF INGAGI

TONGUES UNTIED
TIN PAN ALLEY CATS
THAT MAN OF MINE
THROUGH A LENS DARKLY
PASTOR BROWN
MYSTERY IN SWING

OBSESSED
PORTRAIT OF JASON
ROMEO MUST DIE
WIZ LIVE
NOTORIOUS
VAMPIRE IN BROOKLYN

AFRICAN AMERICAN MOVIES #15

```
V P V S N O W O N T H A B L U F F H Z S P W F K Z Z I D U C
L Y C L M Y Y S L I H W E I R O Q M G F T S J A C J L S E A
Y E E U G V O V S N X A N S B M P D B X P R P F V B V U X T
S L P G G U M T R O N O M V L U R B E F E Z A B V X L I S X
Q C E H N Q I A O D Q G Q F V V I Q F K L Y D P V V N X W G
W Z C A X E V J R N Z R W N P F D N J L I S Q U P P H M J G
F G N C H I V A C C I O L I B N E E O J R V O F Y E W F A X
Z P B K P W U E N P I B G I D Z M O Z B M E S A A O D Y W S
Y S H V Y I A U R U S X R C S G O D W O N S K A C T L I T O
V K U D F N I Q Y ' Z N F A L S S O Q I E Q S R U B C L A J
A I N X Z P T I O T S Q T O X E X I I C Z S C Y K U Z U Y F
E N J - D T Z V Q T I A A N A T I V E S O N Z Y G K F Z S O
O T M Q W U E G P O T C G I F A O R C O Z D P L P Q M B B U
H M E Z R O H K A I F O K G N M A N I H R W F G P H P Z E R
O M N X Y K R N R M C W H C I B R P T U A Y D T W A W C P F
A S I I N T D D T J D G I A A N O G L I M P H T X M I K U R
T R N T E M L Q T Q B Q O D L J F R T E S R Q P I Q M U O I
B P B E C B T V I M Y M V R C A W I W W Q B S W S T B J D E
B C L P B D L Q M M R R J A R F N E Q U X N H H V H C Z C N
N I A V Z U Y F E V N E G W U G E B N M T O D S Y I E A U D
C Y C T G N L E P F E J U U T P N Q Y T R N P T E S M P M M
J F K G A R T G A V T E S O U Z F N D L V Y E F L C H M S A
C Q I O V B X O L T A S E A S N L B I H W H V F K H K A J R
N T I M R A I G Y Q D X L A L C X Z J W C A K F I R F D Q T
N X X O Y J I F M K H R V O B S O K R O O X Z W H I V O W I
M B W T T R V V W A P J Q I Y S L W C U J G K R K S W A A N
F N O F Y S G A L A K T W J H H X I A E U V L K H T L J D U
S T Q E I T Q E P O Q T Z G I K R L L G K S X N V M O G P E
N H Y J Z E R H V R E I D L O S O R G E N C S S Q A C N E W
C Z P I A R H Q U R U V K D R Y L B K B E A C I F S I I E Q
```

Word List

THIS CHRISTMAS

NEGRO SOLDIER

WAITING TO EXHALE

PRIDE

NATIVE SON

TONI BRAXTON

OUR FRIEND MARTIN

NEW JACK CITY

MEET BROWNS

STRAPPED

NIGGAS' REVENGE

SNOW ON THA BLUFF

N-WORD

MARCI X

PART TIME PAL

SNOW DOGS

RICOCHET

MEN IN BLACK II

80S BLACK SITCOMS

```
H A M H Q I J D P F C Q D T G Q X R U E Q J T G E G A D F R
C R E V M B T V I O J F K N P P D O I A D G T J R A H P I J
E H F S P F G D X J R A Z R O C V K Q V R O B C O J X W I U
R K K I O H L S K C E X Y C W S C X K K T U E H Y Q P V B Z
E Q T O C U E Z Z R H K X D R G N I L Z J Z T G A N T L W S
D P V F W U T Q B W D A X C B K H E E R S X V Y M S Y P S R
D K M W A E L A N T T L R D I I O S B T T D B U S J M Z W O
F T W U Y N E G Z E R D V L Q N L P G R W P Q W I Y T G S V
O O I B W M K C Q E W W I D I P F S V D A T S H E J F Y E K
X R C V M B I H T C D O Z F L E J R X J D B I F H J J Q T M
X Z D I L W P S U Z S U D I F R A U Y I P M E Y D L J E O Q
S O G B R L B V W G N B J D C E O N T D H L L U V X C G V O
H J Q B K E W L D Q S I B C C Y R W D D A T K Z O S V K V J
O J I R W K M O A V O C K Y P O W E T C H E C K I N G I N E
W L C I U M H O O O J P X P I V U R N N O J F Y K O X P P F
D L Z Q B D P K L P Z I J K X A Y P R T E Y D L O H I T V F
J R N I U M R G G V Y M R O C Q K A L G S R E M U D A C A E
S M G V S P E E Y R M N C I S D L X A E W T E N C P G F K R
O I L U T L U L C X K L R R X P R A E W Y A R F O C Z Z I S
U C V Y I O S Z B U O E E P V P Q C H H S Y V O F E W M B O
F K W Y N S S P O A M T I X A S A U I X I P O Y K I W T W N
M Q F W L X Z P Y A T H Z H W L H O H H E G K C G E D Q D S
V Y Q V O T U C O A H S B E P P M T B T D A V P N H S A G X
B H O R O G T T M O O V I S H C F F E N T R I N P G D P T Y
I A K Q S Y G Y M T G R K L A Y H J K H C G O M V M D O I Z
U B T P E N L E R E G N S D B I Q B L B G R H F O P O P J B
M B M K I I R P M J A W X Y T Z Q Q F R N U X W N X D A F O
L N W M M O B U E R F J X D A P K A I Y D W H Q Y A W Q D N
K K O A O N C E F V B W N E C C R A A U C J T V T Y S T Z D
T C F M X T L I K J Q F Y T E Z M X Z S H Q I V W U L V O U
```

Word List

GIMME A BREAK
CHARLIE AND CO
MELBA
SANFORD
FAMILY MATTERS
REDD FOXX SHOW

WEBSTER
A DIFFERENT WORLD
CHECKING IN
COMING TO AMERICA
JEFFERSONS
FRANKS PLACE

BUSTIN LOOSE
HOMEROOM
NEW ODD COUPLE
DIFFERENT STROKES
BENSON
HE IS MAYOR

90S BLACK SITCOMS #1

```
O C T H V F I N R D X C C W N R S M E F O R D C E J G G P E
C C I Y U B I M T T H G F Y B F C I V I O S O R B S D U U M
R Y L L H G U S I J J C Q S P I G S R E P K R B M E F R Q M N
F F W O K Z H I R Y B W V K S G X M G J Q O D B U K E B D L
A G W M L Y L L A V N E X R K A R H Y T H M & B L U E S B
X I G P P F U Z E T Q M G D H P C N K Z Z F X E N U J P F S
D E K X Q V I X J Y T Q S L H F T A L W B T P M R X A J D Y
S L B V V Y H Q H Q S O A W U A F M A F A S Q W S D A F X B
J G K J S H Q G C B U R L J Y L Q B M L U C O S B Y X Y P A
H N W M T G U A G J T M S A Z Y E X E B Q H O J Z G E Z X E
D I Q E W E M H M N H R C L S E W L N V S B W Z U N J G S T
F S F A U E V D E D T M T Y V T V M E Y S L S A P W S E E F
H G Q H R Q P C A V M S N F M O H P B K T C C B I Q L M V K
I N O O J F H G F B U P S N F S T S S V C Q Q Y S V D N T B
E I A M B T S U R P G Y V W G Y O O Z W C D F M F N U R K T
E V U J U J K Y J O L Q Q Q S C J N V X S K P I A Q E C J S
J I L O V W B S N F O C E O B N T W Y S Z F C R J A I T F B
R L S N Z J B L A E J P W H E R E I L I V E E P I G T B X P
V O P U G X F I Z U S Y O B D N A E M N J H E P W T E H Q X
P I Y Z D X W K L A M P Y B Z Q U L S J T N V C K Q H U S U
M K I A F F D E D F A C A M S B C X U O G E O W E E R E O U
E K M T L U E U H U X G U I Q G E M R Y V O L B F U C V A A
L D L A X F D S A K D F N S G I Z B I I O S R K H W V X S B
I V Q D T D A F V A X M T F N O Y U Z T L G U G I R C H R R
P U J G Q P V M D J Q P G A S M E J J Q A E O Q T L L Y U Z
K U Q Y K F M C I V E T F E I T N K W B L R Y M V N V A N V
M N S D J I A F M L T H F Z B W O N D N A E R E H Y E M H E
W V M S Q F Q L I T Y Z N F T J B B L N T Z O W K Y W J D R
T A F E E S R W U R R O L Z U V Y G X A P G F M Z J T N H M
J H K M B X L D Z F C R E M C V T B W X N K V S U O W C I X
```

Word List

SOUTH CENTRAL

GUYS LIKE US

AMEN

RHYTHM & BLUES

LIVING SINGLE

MY BROTHER AND ME

WHERE I LIVE

COSBY

ROC

FOR YOUR LOVE

ROYAL FAMILY

THEA

BUILT TO LAST

HERE AND NOW

COSBY SHOW

BAGDAD CAFE

HUGHLEYS

ME AND BOYS

90S BLACK SITCOMS #2

```
O G P V Z D L A D I C F O K M L U S O E Q K J T J L D E C S
C A O O V J V B T P V L R Z O V P R N S R P G B G T E F A D
T H V O O V F O R N R L W K A Y X X O C I Z S R M L S O D Z
A N T R W G W X F Q M I Z T N W F M U A D F Q J R S T C I R
U B J Y J W V H B H P A N G N J T E R T X R V X E N J F F F
N Y I I H S E I D D U B R C V D E W O M T S A D T T K X F F
N N B Y O G L B B R P M C D E P K M W P I W O Y E M D V E C
E G W G Y J N A N Z K H W S P O D A N E B S Q Q J F Q Z R Y
F D O X U I D N D P V M O D B U F T D D I J N K W K J I E V
H C H S J E E N N U H N A U N E I B K P N X Y S W T S E N E
H R S K Q R T U I U N D K E Y L A I E Q J W U F J M U T T W
V D S N A Q M Z E K Y P E A T H F N A L F W G W A C I Q W F
S O E O W X G U M R B T X B S Z O H M L A R O R S T G B O T
V O N M C S U V N T W E B E V T C Y M U V I T Y U B E G R B
G H I A J H Q Q O X H K O Z S Z I H Y H J G R L B D B M L V
Y T H D P Y U G S N P M R E M F W V N V U W X P E E E L D G
A N Y A V A N T X K I U R C N N J V E Y R F E F N C T L K I
M E R K X S R B E D K P L G Q N A Q B N R N R A P L W O C Y
S R O K O R W K O T Z L K V E I A R A V H T X F Z W E P D L
V A G U S C C I E A Y F E O A T L M S A T R R A C L E X U A
B P E S F D H A K R O B F K P Q T L F E L F I K X P N Q Y O
Z Q R I Z Q I Q G Z S M D Y & W H I C H N Z N R K T B N C Z
N G G N T I N K O S L E L G U N V D N D M I M J T K R J U V
C F Y B F P S F E N B J K E N H A L U G K L O N H B O D S P
R T J A U B Q C Y K Y K N K P Y V N F A B J L Y O E T F I O
L Z Y D O J T Y P I A T M O H S X M E Z C Y M G W J H X U D
E H M S Z P E K Q I Q T P A D Z M I J K I O Q T D U E M T O
J O G H S O I K C C U C U U C O B X G K J H J Z E S R C C P
F A K O K B T X B E R F S O B I N G Q B Q L W V X M S N L I
L I O W Y A H V P N C A U Y Y G O O D N E W S A Q Z K V J Q
```

Word List

GETTING BY

MOESHA

GOOD NEWS

BETWEEN BROTHERS

PARENT HOOD

ON OUR OWN

DAMON

PARKERS

GREGORY HINES SHOW

ARSENIO

KENAN & KEL

A DIFFERENT WORLD

SMART GUY

SINBAD SHOW

PRINCE OF BEL AIR

YOU TAKE KIDS

BUDDIES

PRESTON EPISODES

90S BLACK SITCOMS #3

```
L R T H Q C B Y L U O H S X E Z V V M Q M H S K L T I Q D U
P D L O S G D Y P A X V C R O K C E L Y A T P N K M I U C A
O D U H L Q E J M T D H G W H F V B N L W B B B X M Z K Z R
B E U Y K A B O S S D W W U B M R T I H C U V X N E X O U T
R F J M H E J P R B B O X U T S V R J G O T A P O V Y F V R
P S O G L Q U X U G H S U T D T F Z E T L X G C G I M K J U
X A D B U N L G M S E B H M G A C T M R M E D Q F N H L N E
L N F D W R S O X Q L S I C M N T C Y B & J A N X M I S A C
P M A O S P A X Y O O D I I C I H L W P E D K P P D Q I S O
N O R V A T O R W E K T L L N O Z L P E D J T W C H C O Y L
L G M R Y F V F X E Y Y R G L S U H J P D K B G D S Z V Y O
Z E K W E E M T S G M F P U S V N S S O I C R D I C H P L R
U S E I X N T U U A B E T T R T ! S I Z E N L V Z Q W T U S
O B M B V V Y O Y T I R P E J Q E G G J N H C Q M V S C S Q M
V A E P P H S T T S A V Z E N G M Z J W S M B W C S Y E Z X
J H X F N F E E O O E V C R H N E D F R H K L V P T I R H Z
D C F I S R G N T H Y I O N J O V I A G K W E W B B L H H E
A Q I T S E A M A V P H Z T S X B B N L Z N S E U K X H M I
S O F G W L J R I S G Y S L Y M L A G W R L R O T F L W Y Z
R T L P P A V Q D E N I B P T A M L K K O H V K L E D S F K
W R F L B E K N L J E Q J U Y F Q P C W G S M E Z Q R J P K
E V D A Y O A C A D W T S B R O I V A H E B E D O O G O N B
D P C S V R Z R A J A K L M M C Y D W O D R Z C S W J F Y G
W Z H I A M G C E Y T Y D E Q L W P Z L I A T A S G J T L N
T O O G D Q O M U J T H K B N H V L L X I J A Z E J D A X G
W X U E B K Q Y F A I M F Q J C T R J J A E V Q J E Z A R Y
M S L C Y B G J L S T T Y L B E P C C L P A S V U F E F P A
A L B S B B S L B Y U L M U I E C K F S F L Q G F R E O I Z
J O S T Y H B X E I D W C E U T Z D F Z S A T S H B Z O P J
E I I I M I O C C M E P J Y M A U B D A O B Y H O F L T Q I
```

Word List

GROWN UPS
GETTING PERSONAL
JAMIE FOXX SHOW
CLEGHORNE!
TEECH
GOODE BEHAVIOR

TRUE COLORS
NEW ATTITUDE
GEORGE
SUGAR AND SPICE
FAMILY MATTERS
PJS

CITY GUYS
IN HOUSE
MALCOLM & EDDIE
COUSIN SKEETER
STEVE HARVEY SHOW
SPARKS

AFRICAN AMERICAN CARTOONS

```
U Z T E S T A Q U Q B F F W V R W U X A J V L C Q X B V Q V
Y B T W H O V Q Z N P S L S L B P D V I P U C E P I I C F Y
Y C O Z S X U A Q A A O K H J W K S D I K S É B É B E N E D R
M D F S K G W L R J V I G Y N I E S E R U T S A P N A E L C
Z G D X K M R T H F Y I M Z M Z X T X E T W Q G P M O Q N Y
X U Z S T O T H T K H I B O A I O H F J E G P A X J E J V U
W V U D D I I N O S L M E L Y O L K M E Z H Y M W S C D R E
S V N A M Q W N G L V D B C B G I A P L M A Q L I O N B M D
K X D E G M B N P Q D N O E G J B M S N R D E U W S O N V B
W C P N C M A U L E E A H A B H L G S U C Y G O S B X Q U V
B A R R F H C X W D R T N K H V F G S P Z S K U V W H O A R
L B I N E B B G L D S S H Y J A X B H J I L P X S G L X S C
T P J Z P W I O T T T R O L T O I G B D I L P O B P J T P H
Q J O W M P G G E D I T Z N W H C R N P E L L U Z H S U S L
V O K Y D E K G C U N F G V L G I I P G G H G R F P F S L M
B D O K H N S S R R P B G S H J S N N I B G N F M G S L U I
Y L K T L S R E U N A G F R X E F A G P E Z P R O J V B F G
V M S N U C P F C U N M Z Q I P N E O C Z C F I R F R Q J E
I R Q P T I K D I N A X G P W N L I K A W B E E B P M E D R
D X W Y N Q A Y E N L H S X S I T J J C A T Q N H R I H T K
Y Z H E V O B N H V L Z U Z F K B O S F J O X D W W Y J X V
X O S V V Y Z G V E E I H C Y S G E T U U D L M E V Q P Q A
X N R O Q J U A B R Y F U V E N E Z W Q G I J A F K A H B T
D F W L R I Q T S D C I F T O O X L O S X H H R U N N S G L
I B H R O K E T A F A T X C X O A M X N J M T T P B V O X Z
F S F I D U Y A J H T R Y U R C U P B M D R K I R E Q L E E
S Q G A I R E L K X S R A F X W J C R T P U V N X K S G W T
U Z F H A F M O W M L E D P N E N E Z L A U A X A P L T C L
T C J K N O B Z B F B O X C A R B L U E S E Y T E Y P N X H
W X Q A O Q A T F X I C E X O Z F K V N O W B E G U Y U A H
```

Word List

HAIR LOVE
CONGO JAZZ
PART TIME PAL
THE GOLDEN BLAZE
BÉBÉS KIDS
CLEAN PASTURES

PUSS GETS THE BOOT
HAIR PIECE
BOX CAR BLUES
BOOZE HANGS HIGH
ANGEL PUSS
COONSKIN

SPIES IN DISGUISE
HOLD ANYTHING
OUR FRIEND MARTIN
SOUL
BOSKO IN PERSON
TIN PAN ALLEY CATS

FAMOUS BLACK MALE ACTORS #1

```
Y G K M U C C Y G C R J W G K M L M V T J R D M C I M G S T
T H S Q U B G J S E C T C S L B W S B Z Y G F D Z T I M P P
E G P Y V G U V K B G S N G A Z H T A Y W S Y I Z C B O H
I N Y R P F H Z O O Y S I D N Y P O I T I E R E B J H Y S V
L R R V U T B J H B I L L Y D W I L L I A M S I L E A S C K
B Z H U W M Z M Z A I W Q I T R W O S F Z K X E L C E G T N
Q E D M B Y E E U M S S J G J V I E U I J X G D K Z L W O G
C X M V M H L I O G N U R D K W F V X T O U A Z H R D H L M
O N K A T Q S K D G H J S Q E N E Q F F X E Q I I H U T R S
T N Q G N O Z I D D G W H A P N L X E S H X F G T M N K F L
S S J L X P D C F N E B M W M C Z I C C O G X W Q Y C Q L A
X C H M V P R I I E N J L E A U M E N R R X C G C Q A X A O
L W Q B V K B D I W C U W X K A E O L S P U N B H D N R C K
V Q U L D Y O N C I M N M Y J H D L L W U Q Z D H Z T S P U
I F C F A O P M Y L D O E S A P I A L D A N N Y G L O V E R
D N G B G R T Z J L L E R R F C J P V J A S A Z Y O L C V Q
O H S A P H E Y U S K T M G U O R M H W A E H J P A O P X A
I G B X K L R N Q M A Y J G A A R J T I J C X I G Y T A R U
A U T U G W R X Z I W U C B J N L E X C F D K F N O D P D S
C O H M S V E C X T R X H S Z G F N S H K E W S J G C L H O
Q S U J U U N R K H A S F C X E Q R O T R I R N O M T E F Z
Q Z V T C B C B O N F T T Q Z I J G E P W A Z F J N Q O Y D
Z Z O W Y I E U F K G R E V K M D V S E G H Y E Q T B X N S
M E V F W I H V V Y Z J E A L I Z I U D M N I P O E Z P P W
W Q T U E Y O E T X N K R K X R L Q K H R A L T E R R X Q W
N V P H Q G W W E S L E Y S N I P E S G B T N Y A J V F F S
V X A Q M S A A A Z B W J M F D R S P V I E T K Z K B Z B S
W B U O Z F R E N D B D V A M N U N S B J W C F Y V E T J A
B H F V A A D Y Y N T T Y T C V Z J X W K S P A J W G R R A
G W W R L M Q P C T V N U Q I H N F P S B O R K J Z I H F A
```

Word List

DENZEL WASHINGTON
CUBA GOODING JR
LAURENCE FISHBURNE
SAMUEL L JACKSON
DON CHEADLE
BILLY D WILLIAMS

FOREST WHITAKER
WILL SMITH
WESLEY SNIPES
JAMIE FOXX
EDDIE MURPHY
MICHAEL DUNCAN

MORGAN FREEMAN
MEKHI PHIFER
DANNY GLOVER
LARENZ TATE
SIDNY POITIER
TERRENCE HOWARD

FAMOUS BLACK MALE ACTORS #2

```
V M M D T R A H N I V E K S Q H F Q S B X K I Q B J E M Y X
S T K E V J V R W V C V N X F L R V O N U E S B X E K V T H
M V I N C B H N R N X U W H G R P T X G S S L Q Y R Q X A M
I I U R L Z D F N V C X A J U N U O S N U O H N O M I J D B
M N V Z D G M A R T I N L A W R E N C E Z G J G M D F N M J
N G L L E W O P N O T F I L C P S B W W H V F X D X X N R W
I R C O Z G S K P S F C T X W B E C U Y X X V P L P Z B O U
I H B X G L X G H D Y Q C C E R L E V L N B J A H Q N O Y P
P A R P E W M L Q B S D H A V I N A N H S H E N Y R D P Q N
G M G G K P L L Y E D B A D Z C G U I L O N P M J H J F C Q
O E T X M U M F T Z V B R W X H M F L R O L X T A Q B A I C
A S P W R Q W B I D P P L S S A O W G N U R T R W N M A P E
L N M V C L I P H D N J E J O R R H O I W N R E S A Y E E P
M O P G N N N Y B M H P S J X D R R P X V I D W R V E Z H N
P A M Z N J V M I A Y S D W E P I J E C S L O E A W T R L G
H J I W Q S G K D B M Q U C C R S R T T E O N A R O I I C U
A A B A S G V S S L U C T Z O Y C U Q A P U Q Z I W V S P L
Y K D G H X N O N W M K T G O O H X H W V I K R D I O O A J
G A L W B S C J T A H Q O S T R E E Q P N S Z G X L Z O F S
H O S F H L K W Z Y Y D N O M F S W N T T G U Q A J C V D P
Y H Q I L C M A S B U A A Z D L T N I L J O Z T O C B A L Z
N U V I I Q L B J V S K W B N M N Q I K I S L M M P J N U T
Z G B J W N Z B Y K I U P N L E U S O Z X S Q A O T Z Q P X
T H M H X A B P X K C J O S O E T X V F A E V H F K J N E M
X Y Q E B B Y E E V E G W Z H L S M Z N K T U L A M R J U W
N T B B D H F T Y G C O Z L F L R I Q G M T S O W B F G T X
N A C O A T M H V X U Z L I Y T E A R Z M M Y Q B V R D G C
T N K V F E L S Q W B K G O F E O P M D J X O C E L Y K H R
X N F U A E N I R R E P D L O R A H Z T I A Z M Y L Z S Y X
K X G L P G S M Z T T P D E F M G R J C R C R P W L Z Y U N
```

Word List

CLIFTON POWELL
DJIMON HOUNSOU
MARTIN LAWRENCE
HAROLD PERRINEAU
IDRIS ELBA
RICHARD PRYOR

BILL COSBY
BLAIR UNDERWOOD
WOOD HARRIS
LOUIS GOSSET
MORRIS CHESTNUT
KEVIN HART

YASIIN BEY
VING RHAMES
CHARLES DUTTON
RON ONEAL
ICE CUBE
MARLON WAYANS

FAMOUS BLACK ACTRESSES #1

```
E E T S T M A Y C Y E Y I N Y N D B G V V A N C U H Z B J F
T A Y G O H T V V S O W L J J Y O Y D Z Z R M Q T A L G Z N O
H E H G Q M J N Y S C D N N V Z O G W U B M T T S O T T C D
E F L M P Y X B Q B D A E X M Z K K Q D T E B V B N T M K X
L M L A Z A V L E W O R U D Y D E E H J S J I L E E C L F S
W N O S Y T Y L E C I C A B P U A M K S J O U E Z T G G J B
A N Y C Z R X V Y R S Q I H G P W F A S C R X N V T R Y N M
T V O O C C K R R N P U X W C N A B U U Y N Y A I E M Z X D
E I X S F Q J E R K K J X W M I A H Y P H R T H F M F W A F
R J D B N L P N N A Q Z E P V L R V R I P K B O X C T O D Q
S P P O M E U Q E E U N P B E A W H N S R L Y R I K D F W Y
Z I W N K D H V F N V T F G I P H R T R T S Y N E E O F T I
M L D K H R X I T U S C N H H Z L D C E W T B E N E I P M S
J R Y S M B I J J G S A X R A K Q E A I B C W E G W W U X R
Q U U N L D J O C A S C I E S L U N V B Y Y K X N H O C L R
C A L Y N R R W S F R J V Z M W L Q V Z K O Q G Q O E A V W
V Q V U T W B A C O D A N S W A L E E S E O I E W O C T V P
Q V C P V O H L D L E N T F P O R Q B I K A C V O P S D D S
H A K E D X E I L O S Y M L R C U Y H E V X D U Z I Y M T B
N R I J Y W P L T G O J S R L E K P A O R E E H U G P L S D
Y W J E T A K V G F T W A K E G O P S L W R B G O O G B Q J
H R F L C J S W Y M I C E N M S U C R B I Z Y A A L L Z W H
D X R K J S H D E A N E L R H Z B Y U B E C N S U D S G T G
K T Y A K W I U F N V A L W F U H H K R R V E R J B E L Q F
F D X L A P Y H A R T U G D B L O T B O B V C Z S E R J M V
H S P D M F H H O I F C J W T X A W W D X I X O S R P O U Z
Y R O W F L A H F K I M B E R L Y E L I S E O Y N G Z K L F
F W P E P I R A O L M Y Y Q F T J X B C W R J P A M W L N I
B O B U D Q H H V I O L A D A V I S X V C D D F O T T D D I
W C O U L B H N M F S J S Z I T G M Q H E V F P F F E R F Y
```

Word List

WHOOPI GOLDBERG	ANGELA BASSETT	CICELY TYSON
RUDY DEE	ALFRE WOODARD	DIAHANN CARROL
HALLE BERRY	ETHEL WATERS	VIOLA DAVIS
LONETTE MCKEE	BETH RICHARDS	KIMBERLY ELISE
LYNN WHITFIELD	TARAJI HENSON	QUEEN LATIFAH
SOPHIE OKENEDO	MARY ALICE	LENA HORNE

FAMOUS BLACK ACTRESSES #2

```
X J Z Q V V T L G U L C J U R N E E S M O L L E T T E G T H
U E A N W D C W J R Y C C T H N X C A B G I I G X R O X M P
U S B G A O A Z W A H Y G H A P M Y N X R F N P T T L X I I
E Z Z P Y V X C Q P N D J F P M I I I M F W T G L G R T U C
G C C W F I I P M C L D G C L O A Y T H J O F C X L X Y C Y
W N I H Z C V B A C M X I W Y R N R L C A J M D R M A D J L
H S P S C L A U D I A M C N E I L D A O C L F G O O H C H A
G C S A Q B Z Q Q O T N E J P L C Y E D G S O F E Q F U T Y
V J T E L N U H E H A U X B V Z Z T K R O Z D U X D D U D B
P E E S T R I Y K G P V O B M R F O B C E B Q F J L I W C A
X B P K Z S O C R D U J P D E W Z M Q C O I S P C D Q R T O
J H K L Z I I O O M N Q S G E J A W K V N H M O I K W U A O
V N W K A O M T B L N Q I R S A X D R O I D R A N G X L O C
X G O K F I E X P V E N E M D M Q N M M N Q N L U V J P X N
D M C S B C E S V A A B A O O D O U X X B A Y Z U E R P T Y
N N R B D T A O A K B I E G D T O W A Z R C R U L A T I Q L
V L E H I U D R I L L E E H W M M E U O A P H Q H D T N E S
V D W U X M H N O L D P N E A E X P S K C W S W Z R L C X Y
O E N F T Q G R I I K A N N F R K S C Q I T I V L O Q C G G
O T P O L F V W E C M E N D A V I H L Y R N O J C U Z G C M
O B V B F I A D D F I S B A R I L E Z T F N P N S A Z N O P
L G I S Y S L G I D I H A I S T R Q T R Y F I H Q O Y W B V
O W S J S R X K N U K N D T K Q K A E H B L E J A N Y D R G
N C L E W R D A L R U P N X A S G Y M F Y U T S J N T D O I
J E N E V C H A B F T V B E B M C G J E Z K Y W Q T E P L J
S A N K H T H L P N R S I J J A F H B Q I Q X I T O B W V J
V N I A L O N G E Y C I F D P Q T B L L O M X V I R A E I L
M X G D S B N B Z E A G K U W K A E R V K I T A S A H Z X I
Y O N H A W G E Z C Y D O C T A V I A S P E N C E R S R D U
Z N B W N R S Y Y N Z H B B K B Z H N H U M O B X A R P X O
```

Word List

MARIANNE BAPTISTE

ABBEY LINCOLN

CLAUDIA MCNEIL

OPRAH WINFREY

THANDIE NEWTON

TAMARA DOBSON

VANESSA WILLIAMS

DEBBI MORGAN

DIANA ROSS

JURNEE SMOLLETT

NICOLE BEHARIE

NIA LONG

REGINA KING

CCH PONDER

JENNIFER HUDSON

MONIQUE

ZOE SALDANA

OCTAVIA SPENCER

FAMOUS BLACK COMEDIANS #1

```
T J P Y W G Q P C F C Y Z E X L A V E L L C R A W F O R D H
H X M I K E E P S U X U V D W M X W M K F B E I I V S X W
U D W V Z Z G J D M O R W W Y D E N N N J M H U Z U T E Z J
R U P A S Y W M T E L M E C J J I Z J O A G U O S K B I F A
N P U S Z I P H K Q A G X O K C E E Q S E B A G C I V N Y M
D I X C N U O F W H T E U C D X N H M N U Q R O C D E A P I
M J W Y O O T O U X C I R D E C K D O U J U R D Y Z J K Y E
C Q G T O I Z X Z O S D O G L K X V S Y R S O L Y R T F G F
U E N G F A X Z W U C A M E I N R E B N I P V R J E E C S O
Z K G B Q Q Q J K X E I E Q J J P C Q R I A H J R I S M R X
E D K L H O U R N X V C M W I R Q O H M T T W Y N D A Q I X
H N L F L U G J U W Y B P B F D O C M H B P H V F I U W C P
Y C R L A A J H O M A R T I N L A W R E N C E J L H F A H Z
D H E C T W E Z G B N O I L W Q S O G N S Q N L P F F C A Q
D A K H R L R N W I J N N D U Y U I W K F Y I F M V G K R T
M P C E J L X E O L J Z Z W F O Z Q R N M W C I F F N T D W
K P U J C Y R K D E V C Z E T J U O K R T S E V W V W S P I
G E T K E C D S C D C Z D G B H G W M T A G H T V I I E R Q
N L S T E T Y J C U F I J F Y P O I A B T H O J O V F A Y T
H L I Q B V W P Y R Y O R Z A S I K W T I C N B L B C W O A
K E R T Z P I V T I P R X T V I V R O D A J E I U S J O R H
J R H E I H D N N O W O R X A W X N N U P Z A L B Y E Q L K
O Q C D B P H D H M A V W A G P F B T T L S P A S O K D V X
J X S S L T A E Z A B M W E I Z D A Z Y Y N N X E Y R P D H
F H B F H L O I H P R G G H R M C X B O T S T J O U F U E Q
E U J G H D M S B E M T X I U J Z R V K C T Z G H N L Y G Q
R E E D D I E G R I F F I N S C C I P P Q S R G U N F M Y Y
A Q B S C C L C Z O C X S L I X G F J E Y A T T X P B E R W
Q A T I H G N T G M E W B V N X Y O S A Q V D C J L Z G A Y
K A C T Z H H Y H P R U M E I L R A H C J S R D L F R E G N
```

Word List

RICHARD PRYOR

BERNIE MAC

REDD FOXX

CEDRIC

JAMIE FOXX

CHARLIE MURPHY

EDDIE MURPHY

CHRIS ROCK

KATT WILLIAMS

EDDIE GRIFFIN

MIKE EPPS

PATRICE ONEAL

CHAPPELLE

MARTIN LAWRENCE

CHRIS TUCKER

KEVIN HART

ROBIN HARRIS

LAVELL CRAWFORD

FAMOUS BLACK COMEDIANS #2

```
E V O O M S F G D E R A Y D A V I S L B W Z E D Q V N S F R
G Y W U F M G X O O G C S M P T P G K R N Y A K E E I L X H
N W Y B H T F R C Z O M R T U A W R C F V G H H F P Z B S B
E D M I A S N B R N V U T P E T U H N O H H O U N N B I X V
P M N Q K D G D A W B V I L O V H L G E R Q B D P R D B R F
L T M Z M R V G I T U J B P P O E J M M E E D G F D A I K Q
Q J B X Q C C M G L J C L Q E C W H A O V M Y B A R J R L L
E E R T R B U Z R E W C W H O V D A A L O L F H L M E J R I
B F G P K H C A O T K K E B A D M J N R Y N Y D O B S Y W H
C W L X I S G P B L C F R O E X W H N D V N E Y H L Y V J W
L I Y J N K O V I S R R E O C S A O L I A E K Y P B C I V O
G J F W S A W U N W Y F N Q X D M O H F J S V V Q Q O P A
L M Y K C F Q T S I D C H M Y O X H F H O X Y Z T U F Y M C
P B Q W W H Y Y O K O M I M B O G I L D O M H K A Y V U V B
L P R I N Q I S N L I A Q T E F T H P F D H A K E J I P X K
U H F E B P G R E T G A R G R D G Z S W G R Y B J S C U G F
E D R C L W M B T E O M B K J U Q L V Z I J N I H Q E W B Y
E V Y M M Q A Q Y N U H T E J Q P A U E O M C V A V N J A K
N C C M U Y I G Q B U V Z R N E U H S S E E L O N Q Y P N G
F B A H H H P L W F A Q M C A T Q S R B C T Q R N V H R P T
O R S L F L I P W I L S O N X C P L T M P K K Y I T J I X U
M Q D U L W I U I U H K V N Y E Y L Q X B N J W B O H I V F
I E W M P A J F S O D U T J A B Q M O I X Y Y A A F Y E L C
T O T W M Y W Z P W J G G R O A U D O T P E T Y L X S U P Q
Q J U J J F S E X D Q P S H K P V G E R X Q V A B A Q Q A N
O Q P W H J E A G J J Z I L L X R P P R G K O N U V U I Q Y
H L J Z P S Z Y Q R L M U D P E H V R Z D A W S R H L N V E
O S H Z R Y G R M W I H U N N H Y G G F S C N H E Q Z O S K
L W S I V T X H M U C E T Q T V W J K G Q E J L S O Z M D Z
W C F P H K S V W P N O G I U F A U Y D H P H D S P N C R S
```

Word List

HUGHLEY	TRACY MORGAN	WANDA SYKES
STEVE HARVEY	PAUL MOONEY	GEIRGE WALLACE
ARIES SPEARS	FLIP WILSON	DEON COLE
IVORY WAYANS	CRAIG ROBINSON	HANNIBAL BURESS
MONIQUE	DERAY DAVIS	TIFFANY HADDISH
COREY HOLCOMB	SMOOVE	GODFREY

FAMOUS BLACK WRITERS #1

```
A U C N Z B L Q J T B P P P Y S J O D A N N A C O O P E R Z
E H B K B W I W K E J H R L K A A C Z O A Y D Q Y F G N V K
I G M C P Y V N S S A E A O M T M N W F N H J M R B P D C K
Y H Z T G H V G F F P W O J H J E E L K D D U T O T U Y J T
O K H K Q B N L C R B R T G U P X S S H O D B C C I T Y O E
S K V H U N F C A U B V I X V O B Z M E Q W K D M S B N Z W
B J R N Z I R H L N B R T Z E Y A R L R T W V Z V I L Z M F
N W A R I M S G Y V W I T O N Q L T L P E A X R N B S B A V
T Y R T C E E L W D Z D G O X G D H X Q W J O X Q E W Q L P
J D I U C H O X R E W R E O J L W E M X Z F O C G B V R C Z
R X A N R D X A Z U I C R M J F I A K U F L K K I M W R O Q
K M A O N O H J M E G X I B E O N I V J D S L A W S T Q M M
T R X E V C M A Y A A N G E L O U C I K G L D C L J I K X G
F K W T I I D Y W E L D O N J O H N S O N L N O A G E H E B
H G L R W R E B N U D E C N E R U A L K D E K M N S F I E G
R E L T U B A I V A T C O E N H I T M K C W B N G L X K Y N
M M T P E A Y M L P H E T T P Q Z Z B O V B H V S N O P E D
W I O F T M R Z Q C U M O D O T U K D D O A H A T C B H L Q
S S B V N O N J A Q N K L O N P E Z J S D A V O K G K G
R H B G N G T V P Z O O I U Q V I X D U K I J I N Y R Z C A
X M A W Q H B G K X T H M M W I S B V Q X M O F H Q T Y E K
V A T O D Z Z G X T N Z O T V H Q T A A Y Y H T U V M D K B
K E R C M X W Y J W V I R B D A V Q M M W F C I G D X I T I
B L E L O U R J O G G A R S W N M V P X B X A M H M T M E R
N R B T I J M P D X D C I A W B W O O N C A J V E A X B B A
G E O J D V B G R T X U S L C M N X D T K F R E S U H F A R
A E R R N I Z F P L G W O G C S W C P C L E S A G N X B Z T
L D G D U Z N C A V Q R N G M L H V F X C B J N I M K D I O
A D X H S N H G K J L X Z H O P C P B W B E L A X X J L L V
G Q Q H A G M D K C C T P D U L T R Z E H C C C L U A G E D
```

Word List

TONI MORRISON
GWENDOLYN BROOKS
RICHARD WRIGHT
TONI BAMBARA
WELDON JOHNSON
LANGSTON HUGHES

ANNA COOPER
ELIZABET KECKLEY
MALCOM X
NEHISI COATES
IDA B WELLS
ISHMAEL REED

JAMEX BALDWIN
ROBERT ABBOT
OCTAVIA BUTLER
FRANCES HARPER
LAURENCE DUNBER
MAYA ANGELOU

FAMOUS BLACK WRITERS #2

```
Z A I U G T M X R V L J P C R K M A D I N J K M E V M P N C
Z Y W D A C L D B B Y C P O K H N B K P K N X O G F Q Z N R
B J J W V L I F V J S R O O Z W P L O O H X N M P M R N O N
O A P K J A E N G F Y A B X Q U D M V V T T F H M A O G I N
O W L J Z J R X L G N O U M F Q G K Q F U L H A I X U V M A
H B E J M K A U H S M J M D P W X P V M R A Q D L B G M F G
N E A B J L R M C A J W M S F E P D M D T B I C P W G V B P
F T G I D I Q Y E X L I J K T L Z V K B R Y L Q K O C Q N O
V J C K K U W J G S C E A H K L T S J D E S D S J W E H L X
K I H A W Y B A V H C D Y Q A S V Q P M N P Y C T V T W O F
V Y H X O F D O E I X O D K O B A S A I R J I R U G O O Z Y
E G S L O A U L I F U Z N Q A R G S L N U J G G A N L R L W
A M L G N B L O Q S E J C E D O R H V E O N S I O C X L I Z
T X T T C E D P I N L K L B V W I D B F J J T T X A Q Y K Y
R O X V O F O H W G O C A N Q N R O A S O R G R L P R P E U
F N A B E D X R W Q Q U U E M V D N F L S N O Q A R P L J G
Z Q A O U U K E I X I Q D Q T A D Z Y L I Y D X E Q T F X P
K M B B I T N Q O T C G E H Z B R U T H U E K B A A I Y D Y
A T M A M R I D P U M Y M E F F W Y S U R T S C E N W R P G
I V P M A A M A R D B L C P S J L A T X F N H H K Y E Z H S
R M I A R T M M A O R I K X K A W C D E A B W E O L R G Y X
U A A Y S Q L I H N K H A W Z R A G T H R S F P R Y V C A O
M W E I H H T R W Z F E Y U E X B Q E G I R X N B K Y F O Y
G W P D A L A I I B C K F K M Z N N A L I K E N W A I A Z F
L F M D L O F B N J Y P O K R R I W L B F D W L T N M N K V
U Z S T D Z C A F G D O Y N J A O I D Y Y X P F P S N X G Q
F V M Q A H B R R G B S L A R P H M M E G R R B I Y A Z O M
Q F X P V W O A E Q Y F E R S P C S A J A R D X O F A P J U
V B U G I V J K Y W V W O E J K V R O S E P A R K S S T T R
Z G M Y S Q V A Y H T L W K M M Z I K F I H T R T A R Y A E
```

Word List

ROSE PARKS
LORRAINE HANSBERRY
MARY TERREL
WEB DUBOIS
SOJOURNER TRUTH
CLAUDE MCKAY

AMIRI BARAKA
ALEX HALEY
MARSHAL DAVIS
MICHELLE OBAMA
BOOKER WASHINGTON
OPRAH WINFREY

JAMES CONE
OBAMA
ROXANE GAY
WELLS BROWN
PHILLIS WHEATLEY
LUTHER KING

FAMOUS BLACK SINGERS #1

```
K N W S K K J J H C B S Q W P K Q T V H Z H L K U R R Y F U
P M N B M J V P L D R C W N Y U O L J F H P D E E Q E A M S
B W Y N P I V H A G S J J P U Z U I O B I I X R N Q E R A H
G Z M F Y G X I C Y F D Y W O Y O D H O K O S K X G V Y G D
A H I B O R L S P B Y J R P Y F W C N B O N A U R H X A Z R
M A R V I N G A Y E J U Z M J Q K A C M W G M M N E C E R M
T D Z K G U C W D N I I Y B P C Q W O A K T E I H M I Z Q Q
Z P P T W E T I L L Y F M Y M K H W L R J B C I F M Q W S C
A X L F L W M X T D E E W I I W T Q T L H I O L P J Z J M M
G Z U U Y R E B K C U H C H E J M R E K M O J S S Q H R I
F X U E A O L R E O I Q L U X E G Q A Y E V K V A S V H O P
B R J Y G M K E J N G R R N O Q N C N B X M E P K O W W Z Y
Z T G V C N H N M N W J W D J D C D E P P U U J O C B X G V
Q F J D J I W D P V R O L Q R N B F R G Z E G P T S G W C K
M R C Q L S V Q N A W A R A X J J O R I M I L E S D A V I S
S I V L V V O C Y V R Y H B G N D N I Q X T O G R X K Y D X
T J C K U D G C O E U C T N S Z M X O L Y A O B B Z V J D X
E V J H E B H W G Y I H O A B E T Z S T E C R U X I H U P C
V P I X A A I Z Y R W R Z B E C M F Z B G K T Z L E L E P K
I C D F R E T L E M T E E I Y P Y A N R R N S X B G Y H X S
E L X L F I L L L S Z B Y R N S Y Z J R R A I F D C T T I W
W F E V F A T J M I F F V Y X H U W B R O W R L G U S L A D
O S W A P T V R A L E R R C D T G U H U R V E H L E K A O C
N Q L Q I Y A U W C S H A Q K I D J Y Y Y A C Q F E G K O N
D L O L P S F P M V K P O N V Z J Y G B J E X V F W E V L A
E K M B I E H Z R A U S B L K L A R G G F R X J S V S K W L
R L A U U N Y D V E C H O U I L L B I W L G W C U S A D U B
T P O H C E Y Z E X I Y L N Q D I A I G G I W T C F M Z D D
D L P P U B L I C E N E M Y A Q A N F C Y J P U G K V O D M
S O E V H L T D J R Z G W O O N Y Y W A P V R U T R U L O X
```

Word List

LOUIS ARMSTRONG
DUKE ELLINGTON
RAY CHARLES
BOB MARLEY
ELLA FITZGERALD
LITTLE RICHARD

JIMI HENDRIX
JAMES BROWN
MILES DAVIS
JOHN COLTRANE
MARVIN GAYE
SAME COOKE

MICHAEL JACKSON
STEVIE WONDER
CHUCK BERRY
BILLIE HOLIDAY
FRANKLIN
PUBLIC ENEMY

FAMOUS BLACK SINGERS #2

```
E S U T N U L S H B V W A M X Y L L J J O R N O S K S K F A
N O O S R A F T H R W M J I Q D Z M K F F X D Q N Y P R U Z
O X K N H E U N U E N A B S B D C D I B P F C O W K I Q U Y
T R P E U P Q A P K Z J D R B B L M O Q I B M L N F I O B G
S V Q C G X A L Q R P R Y H B E B J K K Q S X K G Z E W Y M
Y Z R X G N M T B A X Y P R D B C K B Y U A C E C I L Z D B
L X E L V P V C Z P I L G U X F S N I O S D J O P M W D N K
I F Q M U Y C X D E J Z J J W R M K I N B M R S A N D I O L
M D E Q U J R Y V I E I E I Z P N N J R G J E G C W X N C Q
A P P V J R S L O L M G G R I T O V D G P L M I V Q Q T U M
F S O O W W M L Q R H E U T I L W O N J L V N S K M H G V R
Q J R G R S T E J A A N A T E C O L E I H K R L Y D B W J D
X M E B S P W B I H Y Y T H T T Y T G R L E R T K C W L K Y
M Z O K Z V O D D C R I T B Q S F Y S K T P Y K K S J C S C
L H M C X X P A R V S S C K W M Z I B A F X O U K M W E O X
K A X J K H A E I A E M O S G Z B D W E N T H J J J L L G H
Y J O X J V C L L M Q D S Y I L U Y V R S P C U T C J T Z T
T G L W C V K H E U F R H D B Q D M Q C K S Y Q A T L D H Q
E T X U I X K R K W V W U G P D M R D D K A I R J Z O J G F
Q H H I F C P C Y V M N C H U V Y R G U Z Z I E H J S C D W
S Z C S C U L A O B M E K M X E G U P A D M A P S Z U G S T
E Y H G S J M V X L B Z C W M H K G G T E S G P X M J H D S
R K D E E I H G O B X R J G H M O O F H W Y L Q K S I E S L
X Q H A C M Y E N N P D F K N Z I K T P X Z I F P I P T P G
V T Z N S B M I P H Z M H T W T W Y W E F J Z T N S I B H U
Q B Y F K O T R M Q R O B E R T J O H N S O N H P V T M C Z
I H H W U L H I W T A Y J Q Y M I Z P S X G G H K X H O J X
T Q Q E Z D O E C K D T S P Q P N A D R O J S I U O L Q C X
Z J E B C E Q B M M U R H K Q Z G K J D T I E B J G K Q J J
B K C S D N G I C E M Y Y F A O Y C S I G X E E Z N Y W D X
```

Word List

B B KING

MUDDY WATERS

LOUIS JORDAN

JIM BOLDEN

CHARLIE PARKER

LEAD BELLY

RUN DMC

THE MIRACLES

SCOTT JOPLIN

NATE COLE

BESSIE SMITH

THELONIOUS MONK

TWO PACK

PRINCE

ROBERT JOHNSON

FAMILY STONE

THE SUPREMES

DIZZY GILLESPIE

FAMOUS BLACK SINGERS #3

```
N H I G U U G U E N R T H E T E M P T A T I O N S J T I X A
I B B B O D I D D L E Y I O L M M K F D Y V O E D M T H A C
O O C Y H R B C T X R A S L A N O T R O M Y L L E J G H B E
K Z F Y I R H W T M I B N C H V L D G H W W L E D N X Z V A
Y O G W C S U V I X M G O M K T Y N P U S V D A I E T R S M
M B B A P U G L N O H P F T I W P K Z S Q L F C I D Y E P I
O H N X W P D S A P J O W E I E D Q W X Q W A X X Q J A Y G
V F E G A Q H L T G N T N E C S J K X O T D T D L L H J K T
R M E O S Z S X U G G I U J V Q B V K W H J J U J J H X K G
C J R D P S U C R N K S J M A H A L I A J A C K S O N S Z E
F Y G T Q L Z O N R D R M E F Z Y X I L H K P F F O D T M Y
F Q L P U K U V E B T E Z H D T I D Y O O F W G V N I X L V
U I L N C Q M B R S Q D B T T C B Y X Z D P V S H C B N N V
H I A X W O E A W F G D P O X Y U C U Y S R I J P R R W T G
L S H B T M B M S M B I U B D T H R Y O I S Z I A C D D W Y
D A N J T L Z D D O R N V N D A B M T J U E G T Y S E J F G
M M A D F N I V N A R G A F R G X O X I I X B P O Y W A V A
B Y D U Y N O I I F Y H U L L E F E N S S S S L Y D D V S Q
Z G O R G I M S H V C Q E X O O Z Y A E X M L J J B S I S H
Y O E W N O F O R W Q S I W D P W B A Z W O A F M P H X M N
V M T B D F K S Y E M A O S K G T N N J H A V Y C J N Z R P
I C K S U O U M I I D E E M A N H Y I A W A L R F O Q P K V
F R T V V E J U N C S N T A U Y F B D L U H S K E I I U V P
R A E W K I H G L Z P B A O F X V Y H H W K X V E O E Y X G
F P K K O J U X O K B R C N E F T S F Z G O X E D R V L K O
B H O M O S F Z M G A M P T A V L M P Y X R H C Q R S L D R
Y I E E O C H D Z W J D R Q R I N B T N E M A I L R A P A X
E S B L Q S V I C P T V E O U D R E N V D E J R G W I L I L
A J A C E G A J L J A S Q F N F R A A I R P P E C N O Y E B
R G O Q X J W Q R V A E B N W K Z J M D O P Z L J N W Z C C
```

Word List

ALL GREEN
CURTIS MAYFIELD
BO DIDDLEY
MARIAN ANDERSON
FATS DOMINO
W C HANDY

OTIS REDDING
MAHALIA JACKSON
JAY Z
PARLIAMENT
TINA TURNER
THE TEMPTATIONS

BEYONCE
JELLY MORTON
COUNT BASIE
T BONE WALKER
HOWLIN WOLF
CHARLES MINGUS

FAMOUS BLACK SINGERS #4

```
K O U D C C Q A N M R E N R U T E O J G I B M P E X X O U L
T F O D K I Z I W B J F V W E S B A O X Z H Z O Y N I R Q D
V V P R V A H O A K M A E J J A N E T J A C K S O N P C Z F
J L S R K X W N A H H N C M A H O S I W P Q R N F E R J J E
K C P W G K F Y A V Q N U K B P N W N D E G W K T W Z U S J
M G U Q J J N T O G F Y P Q I O E O N R H I L U S W C R I K
B B A V G E C W Y E F C E U T E R F X J L R T Y I A E C L I
T B Y Q W P D O W G H F D R S E W G T M V R O I R R J D R S
R T F E R M M G S G D V U B H E O I U O N S G P R P N V O S
U W S A A I M X X D N S K T C N L Y L Q W N A I P U X J P B
H T T P N O B Z V C E X T H Z P U M P S G V T I R Z O O B H
Q P E Y Y H Y K A T I O O H I M Z C O K O S X X R H F W B S
B A B W G Q T I L N C A A E E P H G O R L N Z M R H S W Y E
B P O T M V Y L K S C R N S Y R B W K U E S Z E L Z B W Z T
S B V W L W T S L R R I N T J X W L O D E J K T E R U K P B
T P G J N O P I M Y I Y M K H Z C S I E M S A K K V K C L P
U L H Y W O G O B S D B A N A O Z I E I B B V M C T A R J C
L W M J T N Z E J I B S K W Z B M L T T L I S J E L L C J P
K T N S D C L L N E A T H M O R S A K N T G F J B S A F A S
I R T B A A S P K R N C W E C L E B S Y U A P Z Z N P N N Z
E A F Q F C C D A U R O P H D C L N G D R C J Q W H D W E X
L I G O J C N H N B B K M Y O X G O K B O U E A W C X W P M
M A N K X N V N T I R R C I B N M G C I A R W E M W W Z Z Z
I T L M W A Z Q J H Y R D K S L Y M G B K K S I E E G Y W J
E P S K U D Z I M D O B W L C A W N U Q A D A E J B S M O Z
N Z J G M K Y S P M T J T V I E N I H W N C W E Y D S J G F
R A H Z Q D U L Q J D O X L J T B I O B D O A Y O T I D O U
K A K G J G U L O Q L N L F W H I T N E Y H O U S T O N K L
N P J H Q A E E M T W O A N M D I N A H W A S H I N G T O N
L F O V O P G P L P E V I F N O S K C A J I X Y Y X D P Z B
```

Word List

JACKSON FIVE	JACKIE WILSON	CAB COLLOWAY
INK SPOTS	WHITNEY HOUSTON	SARAH VAUGHAN
GIL SCOTT HERON	KAYNE WEST	THOMAS DORSEY
NINA SIMONE	JANET JACKSON	ETTA JAMES
HARRY BELAFONTE	NWA	BIG JOE TURNER
DINAH WASHINGTON	ELMORE JAMES	SOUL STIRRERS

FAMOUS BLACK SINGERS #5

```
N Q K M S J U N J N U J I M K N M M D S I B U P L U O W Q X
Y Q U A G S Q V A C J X F S O P O Y D U E U S X A V V K N I
A S S X O X D Z Z I H F J W D R V K R S P N O B O B G L E
N S H R T J E R S D T A I I R X T N N J L R T J C D D A B R
V G L O F Q P D I O H S R U R C I N I O G Y W K T E H S C I
J Y M A C O R H F B E B I L H T E G D O T P H T D T Q F Q F
N Q V C U X A C H M N R T R E Y A R C F W O J T T T J S K D
H I I H R O H A J I Z I U W H Y J V S O Q Z R V F A T M L N
V A C S G Q T Q Y D W G M N H C P A C F G B R I F U Z K P A
M K C B N N A R N P C Q F M W W E A L P E I J N O H W F I D
U J O K L X T W I J B U R M U G I I T M S F Z T J U A W Y N
M T X H U D T Z G P T X I W A H G H L T K D U J D F S E F I
F Y O D W V E I O F D I F H J S F E Q R O N J S F G K B G W
E K K Z V I S M I X G I U O K S I R H L A N I I T A X I I V
A E I V D L O H S T G D Q O I T D F X M S H L Q L K R W E G
P O Z T U V R W P K J B Q R H L K X E V Q C C B H L O J V F
V N L H A B X I S L A X R Y A A U L U R Y F T O Y E S M W J
Z Y V Z M Q N Q B J K A C C H H O P E M D R F P D N M D N L
Z E S P L W H T Y L H O G R I C Q E M X A Y Z F O A D F Y B
V N D Q V G P K D E B T D O E H Y I D O J I M E N H D K T O
O I P W H W E C I S I G K T P G J B I J G I R P N O C N U P
U A I F Z P I N A I H G T F M D B V G W H E H O A R K P I K
X R V J G I O L K P T E S X A F R O U U T F C W S N K X N L
B A C H A N X F Q H N T S M B J I M M Y R E E D U E W I E Q
P M Q K Y V B T D R A A U R D E R I C B R A K I M L N E Q U
N Z D W V T T F O I B N K V A S A Z K X U X T K M D M M L U
Q W U R C K N E L X R O C Q H U K X B W W H E I E W O C M J
V N E F U R I O U S F I V E E Z U K U Y F P P F R F P I E I
H S H P Y P S X H W F S E Z K C X X O A S D D H Y R T O L X
P N N T J O O B I O W R Y M L I W J R S H D M Q Y U L O L R
```

Word List

FURIOUS FIVE
CHARLEY PATTON
ART BLAKEY
NOTORIOUS BIG
JIMMY CLIFF
CHARLIE CHRISTIAN

ORNETTE COLEMAN
MA RAINEY
ROSETTA THARPE
LENA HORNE
HUMMINBIRDS
MAX ROACH

DONNA SUMMER
WIND AND FIRE
ODETTA
WYNONIE HARRIS
ERIC B RAKIM
JIMMY REED

FAMOUS BLACK SINGERS #6

```
A Z O Z Q Z Y J D M P K N E N N E A F O Z A I W W R Z X W H
G B A W H E Q M E X B B Z Z L B Z T T R U T H B R O W N D U
R H P S U P R E M E S Y O T X Q G I P S F S H M I V K U N C
L R C Y O D L E O J T V X T S Z W D S V O G X P C K U F P P
W N Z U B K E J Q X A N N Y I V U F H S U L R O X I J D E T
L V R H V R Q V M J H U B X J L E M K R V V V Z J W S Q K
C X W E T B R D R D R B J G Q M I R C L T E L G I I Q G P W
V K H B N E Y P L I T C S I N F Z C Z K O M D Z E O N I B U
V X O W T M Z H F Q C Y Y X S N V X L N P A X N R W F D B F
M C X Y Q D W J E Y G K Q T P L Q T W N S X S T Z U K Z F B
B Z J K D G R S R E N V M R R Q E O U A Z X M S J L A I J T
Z A T K I B F B P L X Q F A E K R Y A Q K G R F O W T V F I
T J E N N T R I W I S U I F Y B J O B O F E D R I T C M L K
L G M I E O P B P A I S N G Y B C A E R H X E A M Y A B T B
U Z H L E R E T E B W Y O O O X P S N T O I O P R R D N L C
T R W K G R A I J D K R R R Y G B N O C H T J R I O O L K Z
H L N N B I R E Q R X T E R A T B R V C E M H A Y L E X P M
E G L A I B W V F O M L X O K N B U I P W G H E D J L S R D
R F X R N J Z V A F K C H L X S A R V O M C I U R R L K F R
V U E F E W S Y A E Z O Y H L R L I Q R A Y M L D S E D T B
A X H K Z N T D V D J Y M L S E B I D R C B O J B L S Y A B
N O G R F J O A Z L O K I X N E Z V E W A J V O U J H H G D
D S W I I N A N P P R M D O R V D Y S Y S Y D N Y U Y O D U
R Y C K B E G D G X F X I X I F Q S A L T N P E P A V R Y L
O Z E S T R I W S H D L K O Q Q Y D R G H B L R X Z O K A C
S U I L A H M G S W C H L E V V G A G L N P T O W J Y D O M
S D X B W D V G S F Q S T P Y P G Q N M W T S Z E T A M L L
R G V U H N Z F S B L E L N K M O K U T R J M Z D X L Q C D
X I H D O Z P Z K Q U V W A R D S I N G E R S T W M D R J J
E D I R P Y E L R A H C M K G U O B S Y Z H C L O M Z D K
```

Word List

WARD SINGERS	ROY BROWN	DEFORD BAILEY
TLC	RUTH BROWN	SALT N PEPA
MILLS BROTHERS	CHARLEY PRIDE	DERRICK MAY
KIRK FRANKLIN	MARIAH CAREY	ISLEY BROTHERS
DIANA ROSS	SUPREMES	FOUR TOPS
LUTHER VANDROSS	LIONEL RICHIE	MARY J BLIGE

BLACK MUSICAL GROUPS #1

```
M B Y A B J P Y C N G D P C N G A H P G Z Q D Y T I C L L A
U I X Y Z I P I M Z O R V I G S F C X H Y G D X P H O D Y M
N W F N N X B I S Z Z M C P Z Y S G G L Q M G G P Y K J F Y
Y H S K R A U N E E B D Z V H R P F N J B Y F V N W C B U C
V S R T T E M D F U H F J K J I G Z S L C T O H Z U Z H V U
D B X S Y L O F W J V Z D X D I Y J V V Y F M O T O G M K Q
H K W K H J V Z O A V U W L H F U S B Y J J N M S D E U W C
V T F I M X Y F L Z C S F V N O I S I O V O Q R G R I F V J
M Y D F N A C O C W N M N E W E D I T I O N J R G T U T C J
E S M K G F N Q N D R U C M E P H I M E U D A I R S U X J Q
Q N M B J M A F V G P P S Y C J A P O V S V K O O K S X E Z
U C N F S P E M O K B T Q O X J S C P B E V L I I Z W R I U
E N N L B C S R O U U P Y O X W V H C D M E C H A R T S C U
O H T N L R V M Z U O A X S X B K K I V L I O Z K G S Z X O
T S I N L R I R Y V S S Z W J W C G H O D P U R E H J O C I
R F N E W B O Y Z C Y M B R L S G X I N T E R N E T K C Z A
J Z V R G Z R F M L I B O X R A L F Q L D K U K U M X W G I
A P K E B S E T V E F M A B Z E E W I H N J A A T U N R S L
V C I N A X A L E F B M B P V B L G B V S I U X Y N I S X L
T O G K A X M U Y T N U P R X J U F D B H N Z K O T L E H J
E C A E S G V M P O S F E J E H Y Y V N L B Q C Z C D R A L
D U D I M U P R H N N T V H F S G U M B K E O A L A J C V M
X Y Z F F H J I F E Y G V Y Y E S Y F K Y M Q N M I A G I B
V Q W L K C I L M S N Z B H K O D I E N D K M M E I C R H V
X M A C J R T A P U Q N F N X L F R O M Z L O U C V X K K S
C S I K C I Q R I K R Q A G N Q B S P N W T X D G W T J Q T
X R N J F L B K P R C J E P N N Y M M L S G H X W R Z C M R
B K N P K N X S P R E E U W N I V S H U I K A R U Z B S F B
C Q V T Y L L M U F Q V L N E T V E C L Z D O L H E C U N D
V W J Q F A N R J Y U R B Z J P F L A T L I N E R Z V D S H
```

Word List

CLICK

SUNZ OF MAN

KNUX

GRAVEDIGGAZ

NEW BOYZ

LARKS

CHARTS

BRICK

FISHBONE

ME PHI ME

IMPRESSIONS

INFAMOUS MOBB

FLATLINERZ

INTERNET

CUSTOM MADE

NEW EDITION

CLEFTONES

ALL CITY

BLACK MUSICAL GROUPS #2

```
J Q R U R X Y U J M X L O G F S V A D K Q S H D X Q S D Q K
I I H E J C X I W E Q Q T X P A G F F K Q F O D L I V A F C
P Y L A K P K I B X W B I G B S F D W V S O S E O V K L M Q
R Q K O F F E E B R O W N B L E F J C E G Q C E C A O J R Q
E Q L A K X M Z L L O U I S Y O R K T O Z L I T V C M U N S
T Z O M Q C I I B D I H W Z S H T X N A R Z K Z L R L V Y F
T E O T U O G P D W E K S P O R T Y T H I E V Z C P Z P N X
Y R I E A O E X U O K E W L Z W Y G D H J Y W Z Q A W F X Y
R T X Q Y C R U X B P S X C E V G K A K O E F J T U U K L Y
I H H N O G K Z Y G L Y A T T J K D V C B U Z V N G S N S J
C P P G X F W D O S C I Z X P J C O P F B D Z G B K I L T G
K F T P I O K U M I Y E C T L D W K I L C P M A C T O O B X
Y A Q V D T G W V Q X Z W E R D H U G B A K R P M A P T Z C
Z Z F Y X V L A C D R X I Y N A O K J I S O O S X V O R V A
A K L L F S T E K N W U E L M E V J X J Y W X V V X M B W D
T J U J B N L C E Z A I C R G W M I D J S P W Q X Z T A G D
T I R Z E G G U P R Z W V U C A J Y S N Q F E Y J A X N B C
S H M S V O M Q M K I N H Z D N V G V P Z P G B L H T K X T
P B J E R Y M C F V E R A W D R A H C B O E E L J V R R K C
T K F G X T H D P R I V D O J S E O D I G R A S W U P O F B
N Y M J L S Z K V X E L M G S F Z G Q M P B T J O E R L J B
N C W U V W O G A I Q A L S J K O X O J W N L E W Q O L X P
D R H P A Z Z C U Z V W L A U K T B U E M Y N Q R N R M A H
D G Y L V H E V I W E I H I G A T S R U Y B I S M M N A N L
M O T L P M G U M A G J L Q U E W C G U U N E O F M X F X G
U U B C K F U C T V L J V R I D S T E H V F H U U E B I C D
O I O I X S Z T H Z B C U B W N A R V H L U M P D C P A V D
A Y T D A K Y T B X O S L H R C D T K N A B S Q I B X R Z E
I K O R H S O C Z G D M E U U H U J G Q M L M E L S F A T F
B Z D T C H U L R M F M V H B S C O L S M O K L M E X H E O
```

Word List

SLUM VILLAGE
BANKROLL MAFIA
REGIME
SPORTY THIEVZ
TAURUS
PRETTY RICKY

REEL TIGHT
TRAVIS PORTER
LOUIS YORK
KOFFEE BROWN
KAZE
BOOT CAMP CLIK

NO GOOD
PUBLIC ENEMY
SCREWBALL
HARDWARE
TIMEX SOCIAL CLUB
OUTLAWZ

BLACK MUSICAL GROUPS #3

```
X N Z U L M I F K E J Z D M E S E G M Z W A W V U R W L X C
E P O D D W Z M O Y W S A T U L O S H C P W G I X C Y J J U
A V I C K M C U P K G G Q X W R E Q H T B I D B N G B D X V
F Q N N P Z V B F S I G M F E U Y E D Z E P J T Q O O D A E
E P Y M I J N Z D R Q G Y S L J V N W L H T L M T N S U T V
R Q R Y P X Q H G C A N N I B A L O X A R V J A S A R S Y M
D A R Q C I X S Z V Y R H R L X O J L B A D N Y S Y E X F B
R Q I Q C I X G F L C Q Z H L F H K N Q S Y O E Q N J U O X
B Y R O X P Z Q L M G P A Z Y L M L G S B I U K X Y G O U E
T O D Y A H M M D F R A W Q A D G B J O D N B M J P D E W Y
E G R J U Z J P P U M N J E Q D A I Y V C A A J Y O W I D E
O J G G E E R G D Q P M D X Y B L Z O O B L R P F T O D A Y
B J W C E V O U O J B I S G O S Z U J I T S P P E K X I T J
R Q H J U J S X Q U Z E R M G H E J V P F I J B Z M T K R Z
O Y V A L N C Y U F A U D R Z J I Q X D H E L B S Y R H Y B
X C S D Z V I S J N B L R Y L T L M U K X A S M E A E O Z Z
Y H N Q E F N Q P E E B N L R O M L C E C T A U D N B W B L
Q V Z D D E R A U I H Y D E I N B A C K N G R E C P R W B Y
O R V S F Z Z V F E C S H W M J L O I H V C R W O F D C G N
D O P O R J N C P J Q Y B M X B P V U I X O E H R M C B Y J
Z I B E D E A D N G M U Q E G I O R B M F D S O S T T T W G
B K J J O G T Z N P B Y A Z K R R B L E A B M N P K Y C Y Z
O E O Y E G J F K C C Q Q R Y N S A B X Q T Z B A F D Q G V
I D C O N A V R I Z L K K K T J X L B R T W C F N G J X T T
X F A L H O P W X R D O Z Z T E U C B Z J V O U I Z H Z J H
Z V N G A K C T D B D D V S T E T S A S O N I C E P X X F F
O R G Q M F L A M I N G O S I H Y T S I Z F H Z L L H Y N H
O R G V M V L V E L V E T S Z X P G E C F I F P S P F Y Z J
I Z S X U L K G U H E F V U J G C Q W S M G M P N U J Y I W
J M G D O M R B F L X X K H G A F S G B V A N W C W A N X D
```

Word List

BOTANY BOYZ	UNIQUE QUARTETTE	SPANIELS
UMMAH	FLAMINGOS	VELVETS
CANNIBAL OX	DRIFTERS	BLACK IVORY
IDEAL	FIELD MOB	STETSASONIC
BEFORE DARK	SHOP BOYZ	SEQUENCE
TODAY	IMX	BLACK HIPPY

BLACK MUSICAL GROUPS #4

```
D H A M J M K C F V Z E R P D A E D I S N N L A A X X O E T
Y K W V B O X K N W M H D K U J P W B X M Y G L S R O W K E
K J W Z A Y Z G G R I Y T H F T M F Z T R U X H I I K B A I
Z Z O D V R H I G N U T S A P K O K P I Y T D N M D C Y D
G E M A U R R X G R E D L A N D O R F Y C R H W T W E Q M L
Z A G Y H D Y K F Z U A C F S Y O R H W I Z B S L S R S S S
F D X T V A W Z I I T W E M H F T E T H R J U U P Q B O W R
P J L O B C P N U N R E H W E H T A K K B Y Y E E S M G M J
S U S N V M M N M T L C R A A I K L X Z E M C Y J O P E S Z
I Y Y F F G R S R V R G B S W F G B W Z Q T A T M P G S Y A
D S E A Q J R Z P D X O G Z R U D V V N R H T B A G N M Z P
J T H M D H N E P V P U F B G H Q C U P B C S T R J Y I P
V U P I A T R O O P Y S B R G R C V M X J G J R O S W E O G
A R U L O S R X I S X H Y I Y O H H R J I S R H G Z M O L W
R M V Y D V V W Z Q Y A F F R C D R V C R X G M I D N R E
O P K Z T P I D F Q W S I H N Z G K P L N I E T O H E L D E
L T K K E J H K U U A X H B M R E C C M N Q E A T F B G U K
C C F B V W W R Y B E J F Q K E L N O E H Y L N V N A T T S
N S I J I V B R A W C R L N I L S W H M Z Q P G X O R X Z A
C A P X X Y E C Z P D H A P N B U P O A I Y E P S R G P N K
M B T T R O C N Q E A T A W E T L K X Q X N K B I D E A O G
A N O J V O J Q H V H C X P A S N A I Q V O G F N J V O O G
G S Z O B S A N N F S P Q N E R O V C K K S E O X P N K M F
Z W T J F G U D A T M T G K G L J N O K N V Y B F R T N H F
O Y J P N H J V D W L C K J O I H I B Z M K H X O A J S Q X
C N X O N T E B D A L H D T F K V A A D M E T E U I G E B V
Z W I Z A S K A R A W F Y Z I B R I R O Q X R Y C M S E W E
D O Y B K N A U N W C G Y H C K C H Y T R J F D K S W A F C
J F K Z J R N S V Q V S S Q Z L Q E J G A Q Y P A D N R B J
M G Y B X G U T U O R E F L E C T I O N E T E R N A L N L L
```

Word List

COMING OF AGE	TROOP	CHAPEL HART
DAYTON FAMILY	ABN	ROAD DAWGS
DEBARGE	ACE SPECTRUM	AZ YET
DEAD PREZ	HRSMN	WU TANG CLAN
PHENIX HORNS	FOR REAL	ZAPP
REDLAND	BLACK MERDA	REFLECTION ETERNAL

BLACK MUSICAL GROUPS #5

```
M U P Q O S N L P P U K K S I X H B X Z N M F X A W E E D Y
S F R B E E R X E A I A W F K D H U J E Q X V B E O V H L L
Z J T C U Q E M J A E R K N T B I D Y A Z X L O A E I D E K
D G V X P E T P Z V T F J V V G L G G X T L Z V J G F D G N
H D S D Z B W T I Q R E L G L I J I A M A D G M N X Y W J B
G D P N B U V F H A D H O A O C B I G B V B B B K Z X Z B W U
Z R L N R W N P T X M E T Q W Z I U E V L G Q I D F Z N E Y
L R Q N F O J K R B J Q Q Z P Y V M F O R E Z B E C A N X Q
E A R S S U I I D A Z S W U R O J N E V E O P L Z E J C T B
P E G K R G V H V H Z U I R O Y F U R L A S E L P L A D F Q
P I C U Z E L F T U F S Z H F Q C Y D T R E H J A E M V I M
S A S K V D M T R Y I X S Q I L H O S M D R Z Y W N K J X K
J O D G N K N Y Q D B L T Y L Q R R V A C M U I M V E N G W
E B R P K A L E T U F Z H Q E A E L E N G Z H C H X O T N G
J G Q Z Z U D I F G E F R Y D Y N J P P Y Y J P G L C Y S L
T D Y N P Q D A Y F I V G O A A F P Y H J X Z L A F S Y O V
Y I S G N R I G L P U B S L D S Q G H L O X D U U T H W B U
G T Z T C Q A D A S G R P G C X E M S H U V L A G Y I V B G
P L Z F O R Z V S S F O N N V B X S K T K M A V Q K A C P G
C E P D R N K R Z L I X Z I M O S M K I C U B T C E S O O X
L F R I L L E Q Y H E A J S O I N E M O B B D E E P R M Y O
A U Q S J L X R O F D T U U P W O B N M B V U S R L D R U Z
N A H L U L E E A K Z P N A F U G N B D R W R K R J V J P I
B I F Q J A E N D I L A I A V S X C Q D T O H A N H A O L L
T O N T N M S S M E D H M Q H V W G R S C T S K P K B C S P
F P Y H D E U I G C A E M M X C J E M Z T O L D K H P U K C
W H E E K R V B O S H T R X H E C W H Y I W U C Y Z Y Y M S
M E I Q L G Q B H N A S A S K K W Y B E S Y A L B J L O F K
A K S R U F N L E K S K M P H A R L E M P L A Y G I R L S X
B Q H U K Q A M B A P Z R U G R U Y E P L L F T Q S J S J R
```

Word List

LOW PROFILE	CRU	BIG TYMERS
EL PUS	DIGABLE PLANETS	RUFF ENDZ
JAZZY FIVE	MOBB DEEP	STONE RAIDERS
BLAYSE	PERSUASIONS	JACKSON FIVE
DEELE	LUMBERJACKS	EL DORADOS
HARLEM PLAYGIRLS	OHIO PLAYERS	CHANTELS

BLACK MUSICAL GROUPS #6

```
H X N O G D K Z C G X O I C H Q N S K T Y F Z X Y O P X A I
B S Y C Q D F C P P I Q C H T M Y U Y W J R L W O R U E B L
S E N O T O N O M O M M A M Y C Z B F A M O U S F L A M E S
P C C J Y A D I G W O W E J Y B Q W F Q M R I L F Q P X E M
Q W Y I C O H Q P T C W S E B Y B A K X I P Q U U H S X T F
B N G P J Z B T M W B H E W J C K Y I B N I M X J Z M M X O
R T N A F T B T K X Q L Z Q E A O M E R G L Z L K N P D N L
U M A Z E A T W M D Q C U E P S Z O B K X X Y N S T C I R R
N H U R D J Q N N I A F I D T L H P L I K H A B T T S T G N
F Z O J O A X S E A L Y I C P F E U K K C T C D F B U A D X
U O P X B I T C R I C L S P Y Q U M H E I B X L C O L N Y Y
A Q A N H R Q Y Z X D N S N L B O P B Z P D V C R M H G A H
C L H V N T D S B J P E T B O S Z S A K L Y S A M N R S X C
S C A J A P J E P W H C R R R R I P J O G E W B R I E Y Z N
P T S P I Q N C W N Q M L G U O U A V Q B N W O O E S Y F K
D L B H Y T E A C H Q O D S N W T G W E A R T H G A N G W Z
Z X A S U Q X F D K N Y G H W I M H D Z X U C Y G A Q O R Q
H K Q T W G T G J S M F A L E S N N E T E E L E C R E E C T
Z S N M V V P N E H X H G O U A W I A R C Z A E G I I C B K
D M K Y U C M I P B A K P G B D T F A I S J F X J D U O G Y
Z I Z B E F S G J M S V A R M G R H V M O R Y D L W S X X L
N I K F B N Z N Q A R R W C E C W R B Z P V R O N O H P F R
B E D Z G Q P A D I H L V J U I E G L R C G S V S K I C V Y
Q H Q N Y Y V H A I N C R L E S C V A S O G X K Z W S Y O V
I N L L O T S C L C S L H G Y R Z H Z P N T J J N B R W L H
F P N H X K S L G L Q C N A P W D S Y U W F H B K S E L I T
L E B R O S G F V R M H D T J D X H O T I E X E Z J V G X J
P M G T I A K B F P O N E I J M O Y N C A K G U R Q L W L J
Y Q B W N D T C V U U X Q T H L Y Z I C S K V J D S Y L D E
R Y G G J T V E B S F T Z B M P W U A Y A H T U R B S A R B
```

Word List

FAMOUS FLAMES
SYLVERS
HEATH BROTHERS
YOUNG SOLDIERZ
SUGARHILL GANG
MAIN INGREDIENT

MONOTONES
COOL KIDS
PSC
SUBWAY
ORLONS
NEXT

UGK
EARTHGANG
CHANGING FACES
MILLS BROTHERS
BRUTHA
SUNDAY SERVICE CHOIR

BLACK MUSICAL GROUPS #7

```
W V E W E S T T L L U C U H U E K L T V W L X C D C Y G U G
R F L O C N Y J F G E M D X H O Z Y C V B R C E J L K U H G
T H X Q S D S T B C X D W C J U N A W L O E I Q A I U B V Y
N X C C E E E U D S Z - R Y D Q Y Q F I N G F I F M M A F Z
D P H A D U Z L V A Y N W O O E S R H O S B M I O W U M N C
D V A G B U R A L G T U D P X C Q M T B Q L H I R V J O L E
A V W F F S A J L S E R S M K C O S O L R L D B Y O O T Q M
V U O N M R V M B Z X B K S U D Y Y J O Y M P C T O J A Z
N W S X H Q R E G Q R N Q Z I O Z P Z C A R V E E C D S T T
K H Q R J K V Q V M U U I O O E K X K R R D H R P X X G R X
B L A C K S T R E E T U O L M E H D T U C C A Y C Y L M W N
R P J L C Q P E X N I L B F Y J U S Y X L E P E J N B P O I
P C Z H F Y C Y K Q J H A W Y M I J I Z W I M S S U O I S C
Z N G S J W O G E H F C C Q K G T H H P O V D X N W T O T L
R X H R L G A U O L U F G A G O A A P O P R R T S A N X U I
I H U K J A N O N Y I G S L R F H J Y R O I Z R R F T T H J
C B R T A J R R N G F T P N B E E C B H Q K S E B Z M O K F
H E E C F Q H X S S G F V H B G D L C S G U N S R E O O D B
K K F D J U R M V S U U M N X U V N T K N E O P I I N J D E
I T S T Y I D C P I M I N L S Y M V U G G O G I G S J I S X
D E T U Q C S M G S B R I Z S T L T M L R L K F M C S T U K
Z E V Z S U R S D B L R I X B O R K U J P B E K C H S I O X
H P F B O U P A V B H U A G C L H O R T B J S W I O Z X M K
X M Y E A B Z R H O E F R T S Y S I Y L G R V Z B T P L N H
V P X D N O U N X P O P V R I L C A H N L J J Y G E E N A X D
B P A U Z C Z I H W F V J U D O S W G Z I Z W S T Q R F I S
Z G D X O N E G U D C I D E N O N M Q P G O A T O K T K S F
X I D H C Y H X T F Z G X W E N I S W H O O Z T W B Z Q C J
G P U N D I S P U T E D T R U T H U Z Q E I R H R A T T H H
G G B G R F H V P Y W F F E Z W O H U D T T K P G S U D Q V
```

Word List

FOUR BLAZES

ONE GUD CIDE

YOUNG GUNZ

DELLS

SOUL GENERATION

WE ARE TOONZ

RAYDIO

BLOODSTONE

GS BOYZ

PHARCYDE

UNDISPUTED TRUTH

VIBRATIONS

CHORDS

BLACKSTREET

RUN-DMC

MISSISSIPPI SHEIKS

RICH KIDZ

UNDERACHIEVERS

BLACK MUSICAL GROUPS #8

```
Z E R B O N I X C H D S B U A A T T F O Y A K X N S H Y I C
F R E J H W H Q W Y W U H T R G E Q B U S N Z L T G E J N S
P H K Y Y C H R O M E C A T S C O F B T U I J L J F L T I J
X X D S X B R E A P B Q Y W P R R D A H S K P D D T V O Z G
B N Y Y R E Q S X C P X R H N Y Q E N E E V B F X E U L L D
L S U S F E S L R W J L U X C S H D F R G N A G & L O O K Y
P Y A R N V E G A E X Q C N T T K H E A S S R L H K Z M F
A E L U U G W T T L G J N Z N A J D A B F O C S W P T L J R
D W E O B N V C E J O N D D D L F H L R N X N Y N U E Z O J
C U P E U D R S Q P I Q I E R S Q N G O G L U B F O H K B V
A H N F Z M A M U B M H K S T T U X D T S O P R P S V R C D
F F I T C V I D E T U U Y B D T B B B H W L Z V L C R V D Z
T P Q C H G L H O X T A R Q N R X T D E Z W T L O U K E G R
R U V T O V W V C A L H V T X X A A F R F C U V C W W P I P
C D W S Q P U J V H D Z Q R M U K F S N Y X T E Y R T G A
S N A N I W W S F H D M Q O Q Q G T N Q R P V L A C E R S Q
N T I N U G P D G O S Q U W S A F R S I V E P F N E S I L K
P U B K K A W Y F H B U N F R J E N H A R M Y O D D Z N H K
H H W O U B V B I K W I E K N A T W Q O A D M E K Q Y D D Y
G K K F C J I P L T Q D V M H Q B A W X M E O E F X H E V A
K O Y I L Z E K A D D Q E X J I X T V I O A E J K W N W F G
P B R L W L G K F O O Z N S N Z M I T P S H Q R E O F O D Q
D Y O J O G L Z R W S G U H U Z F D Y W B K V P I H V H Y D
L T S A K T U O E A B L C O Z D N Z O Y I I A S Z A F L O L
X Z L H G M V O S V K R R L F A L W S T N X S W O J B Z J T
Y Y F L U K R S H K E F O M L F K Z C H W I C L L F G Y I Q
C S I Y V S C M C Z K L T E F X D X E E M M M Z G P K Y I W
X T N A A A Q J R Q P K M U V W M K R M U D C W X G Y K C T
A E P F X U J O E Z W A O T G P O J O Z A A B Z P N O K S Q
R C X C H R U A W V N S M B M H D C J C U F I M X O J W N V
```

Word List

KOOL & GANG

SILK

OUTHERE BROTHERS

MEL AND TIM

TRUMPETEERS

OUTKAST

CHIC

DEF SQUAD

LYRIC

DRINKARD SINGERS

COMMISSIONED

G UNIT

WINANS

MIGOS

FILA FRESH CREW

IV XAMPLE

CHROME CATS

CRYSTALS

BLACK MUSICAL GROUPS #9

```
Z R P U Y S Z P P Z C T R U T N S D L B W Z X F H D H G K E
U P M U A C A Y Y V F M V R I N S V X Y V H Q Z R A Q C P E
X O A M R N Y Q Q O R M A X G Y Z J G E S O B M P J N K M T
D J Z P D Z I V K T H T W T C Q E A M X B I T N I G M H Z G
A C E B R O T H E R S J O H N S O N H F T U V X O G Z W F U
H E C N A G E L E T E I U Q M U R K G T K C N B Y D S K E O
A F W B J J X R H C R U C I A L C O N F L I C T E J K C T S
S B H Z S Y J G B U E L M G Z D K W D E N C P N P Y R I S N
H Q V F M V I F Y O V D P E I Q B T A W P Q W X E J H U N T
K V U K E N B P O K L O A G J O L W J U C H O Q Q M G M E D
G C C H D B A N B O D U B O Y Z I I M E N R W O L Q W A K V
D N H I Y K O M F N D H R W A T C H D U C K L T R U E F O X
Z Z M W T Z W P B I G Y D T W R M U V W I S S L A S G T M A
B O S J F C L B F S W G N U H S A T B J H K I J R N C E X G
D D N W Q K Y X O F E A T Q D H L V O G O P E M V R F Z
A I L Q W V J L I U L M X O S B F A A S T Z F Z E B S S Y E
T P N G D I R M P D Z V N S O T X R C S B G T M S X J E D J
B F J B B G X Y H B Z K Z C R C Y L K N O B T L S C M V C K
C U M N P G Y U T M A T D E Y V R E M Z Y S D O E C N E Y I
D M Y J G V D A V G J U O D H M O M O N S G M U N R V N H S
A I M U S C G U G V U T H V N Y R H O T D T L E C P W E P L
F B O O B P Y U P D E R U N U A H A N S E F P G E Y W X A P
D K Z Q W O J Y D K A O J K E Y O M F U E L M T B X D B J J
B M O X A V E W C H U E M B M W P F U B R Y T F Q X M Y O N
F R Z B A J T I A K C S G U V V K A O J Q E F O X P C J G F
X O E U J E T V X D L R Z Z E H F T J N U M U W S G G M J E
X I B R D F Q W A L E V O B A W P S C Q Y M O O R E S G Q B
H H U P U R N Q M Q Q V U E O X U F N B A H J D J W S I Q E
T Y P W G P B P O M H L B T F N L A G N S N B Z I D G S E
Z S N T A A A K N Z W I G J M Y A W Y Z I M X O Y C W P V J
```

Word List

JUGGAKNOTS
CRUCIAL CONFLICT
RARE ESSENCE
HARLEM HAMFATS
MAZE
WUF TICKET

AFTER SEVEN
QUIET ELEGANCE
ABOVE LAW
MIDNIGHT STAR
BOYZ II MEN
MOKENSTEF

HOT BOYS
WATCH DUCK
BLACK MOON
BROTHERS JOHNSON
DYNASTY
ANQUETTE

BLACK MUSICAL GROUPS #10

```
U G U X P U C X Y G S O C Z A O M F L Q F S U Y R I B V H S
L A J D W T Z J P E V W H K O Y O A H P T Q Z N Z O D U I V
F G E C Z I X C D A I Y D Z U F C G Z I G L H R I B I T S O
A A Y N X L S A C O L Z B S R N H Q A M A D Q M S X G S Y P
P B O Y Z N D A H O O D K Z G O V L E M N D F E E H N E S Q
E H W Z H V K Z H V Q G L B X S P E T V D Z R V D O E Q S W
L V P X O C W I L S J D Q G C I Z V E G F N G J I E I M O Z
Q U P E Z D T C K Z T D E B T V R E M D L K A T X D X E T O
H R F E L G R B K G F V D A Z Q S R S P Y Q A L O K B S B C
K P Q D B D Y E W N K A G J R W F T Q I J T D Y A N D P F N
U I W K Y V D W V C R N P L L J S M B C P U S I A B J V U E
D A Y L Z K Y M Y O M T R L Z G A E P M P M Z E Y L M T X S
W D D D G R F T W C K U I M Y C C Y E D W L N C C V P I U B
K C A H C I R N A I T S I R H C C T N Z B O D K M B M D T S
I S I B X P W I N J N B Q N E U Y K C E D J U C A Q N B H D
D R F R E K N S H M M L X F A M D O C A D C V D H K C X I U
S J S W Q A R R X D U I D C L Z K F V K S J G M Q S K E O F
S O J E F Y T F P L J T H S Z U V S X C D E W Y I X K I C U
E V V C M L X M A V F T O V O B I I R Z T C Z X V V C J F X
E A D H I A L E I B W L P S G U X H U T I A G M D Z I H H U
G X O G I K N P G N E E R V Z W X J S H C R V Q A X A T D I
H U P M Z V A G N K E B C Q G R Q I M N V T W L S M H O 4 A
O T Y Y H I R F Z D K R F R F S S B C E X E H Q B U C X L E
S U F C F N C X I Y I O Z A L T L V P O P R G L G L M B N L
T H L X Y H W W N O R T S A E J T Y N N F S F L I A V S U E
S H O O D R A T Z G F H M R Z U D J F X C O O P I M B B I X
S F E J O F N J V H U E S B X Z E J A Q Z R S F E S L Y G H
X D C G S E E J F E T R J D B R M D L T D E W O I Q P V H D
I E U C K I N Z C Z Y Y U K H J K X G Z N F L G R Q P D G M
H E W M K Y C B C W Q O Q R C M K F M A L P N D H V V T P T
```

Word List

DEAR JAYNE
D4L
THUG LORDZ
CHRISTIAN RICH
BOYZ N DA HOOD
BADGETT SISTERS

TIMBALAND MAGOO
LITTLE BROTHER
OVERDOZ
PLAYA
HOODRATZ
TEMPTATIONS

CARTERS
ISYSS
KIDS SEE GHOSTS
DA BEATMINERZ
CLIPSE
LEVERT

BLACK MUSICAL GROUPS #11

```
Z P S T V K H I Q P Y O L Y M P I C S V T C U D E P A C N S
M I N D L E S S B E H A V I O R X A P M U S X B O B N T J R
D Y G Y E M U U E V I F I H X D E L E F B J F H M L O M C U
B B R O K P J M G F C A P C M G X D Y O E Y F O D I Q O B J
H Q S C D Y F W Y W P L I E B Y U Q Y H N C H S L F K X V E
E H D F V D Q I F V Z S M C I V S E P N D T Q T C W U Y D L
H Z N Z X J J O D E C I J O Y O W F S O C N G Y V J H Z J E
O E I U Z R R I D S T W D W D G I O H C W G E L N M Y I R L
G M W C T M A N H A T T A N S P T W A O O N M E P R S G P X
O A I N G W G M D T E F N P C H C V S L L R L G J D P H N N
K Y N O G R V L U C C O R G T N H D D I X M T O J Q C X L Y
Q U A D W B O V D N I Y S L O A Z N A D U E O S H D G B S G
B L M E K G H L X T R T V M T O P L S D V J X P D K D Z F N
E J I Z I I H V I K R I O T V C D L C S B P L E G Y I R Z C
Y H L O J B S D T A A O T R B I H G F I O F X L U Z J S D G
J H C E I L N C E C U X M V Y X Q S I L I A K P N Q D T T E
P O G Z G O V H T U O S U A J P O H K R N R O E N C B E O T
M D J W C R E G C R A P G L N C H V C C L O D E J H Y E H K
P V I T N V M T Q G E D O N N J T H Q T T S P Z C L I W Q T
P Q N W A N D F B N Q N C K M Z Q E G S A L J C M D A S Q D
H I D R O U K O O P B X I E N O S Y K F G R X E R G F J T D
M S B K U E M I T B B A N E F N S Z D Z P E K O W W H M G S
C Q F E J E V T T U G N Q W R R K M K Z T I O S Y D J H S B
V N S Q I K G A V K E A A B E S O G C E J D T U L N F Q M A
E F O D Y R S T T L S S S T A R M G Q E A L E L X A R E C U
F W O G U Q J Z M S Z L S H I F D Q A W X Q L O B V L S B F
U O F F L Y Q J X O I A J M Z C S H T D X O N S O M J L E A
G P N N Y A Y N W M O L E U V U J O Z V A P T C K A O I I M
H T B C S A P Y G C B D Z P W W T L R P M G C U B V K W V F
E G O K Q O I U C L N H N C R O O K E D L E T T A Z E M F S
```

Word List

JODECI
TRENIERS
CROOKED LETTAZ
ILL AL SKRATCH
ESCORTS
MINT CONDITION

GOODIE MOB
OLYMPICS
HI FIVE
MANHATTANS
MINDLESS BEHAVIOR
COASTERS

BRAVEHEARTS
DO OR DIE
IMANI WINDS
HOSTYLE GOSPEL
SWITCH
GOOD GIRLS

BLACK MUSICAL GROUPS #12

```
W C Q R N H L B G E U C X M N S P K X B Z J Y U H Y Z M Y R
W L H F O U R L A R K S J F N X H O T S T Y L Z K L F Y E C
C S N H P R U L G R Q K P U Z C F W K N B F T H V B C I K W
M U Q L Y D C A N Z H K C H A Y C L D G B X Y E I Q E R T Z
X R R Y F Z O B O I P T V T T E I Z P A D Y I F X L Q X G H
N E Z G U W X T R F C Z S O L X R F L O M F Y Q R Z Y Z W X
D H L W Q X N O N J N A D L K I F R A I D E R K L A N T U H
U V L X Y Y D K Q P N T A E W I N T R O L H D W M T V Y K S
W O S U R J V W B D R D Y V P F V Q Z C X Q R J A V O Z B I
Z L O O I C J B F Q W O T N S E M P U N S U M N W D G U Z V
Q G E Q N W X I M E Z C H R Z W R L V R Y R Y H D V W I E A
Y Z Q Z V F D R L E S E E X Y V J H E E Q S M C T H S N G M
F C F Q J D Y L K N V T X O Y V R H U S I L O D T O O W D I
F Y X D L C A N U X A Z B Z L I T I L S F O M Y V M T P H B
O O K E C S I Z E O L Z H R L O N C S O B D P I I E Z X G K
K K J Y F S C R L W S F B P R Q X R P P A R S U K X V W F W
W N D S R G O F U X X B H B K E D O X R K D R Z V A V E F
I N H N P D N R N L R P Y M H H C H C E I M E M F L E I E D
J P L O H D S Z X I O E W P T G K C B L W U J A X U J P L G
G F Q A R I T J J N L V S O S I J K E B N B E B J R A B U J
Q R H E Z E H G I S R R R P N Q S W K U E L Z Z U A G L G G
L W E S F E D V I T W B O A G W M S K O F L J M S K G W I Y
M C P M E S O H Q Z O T P F U Y S L F D D R Q I R C E C Z T
E I H S K U N Y T N R F D M X B Q A A Q G S X T M X D B L H
O B V M L G N I I U I U P I A B G N S W V Y T P E D E R S A
C U P F T A R R O S L F E X U C U I D F J U A E N C D G J H
M O Q P O G R F T Z R U J V E D E G H W T W I C X C G F T F
J S S U & A L E Z I G F M G K P X I Y B Z V J L U V E V A I
R Z X C B I P O E I S K K F T K R I S K R O S S X V D N N
C T R U D N E W Y O R K C I T Y Q O C G J A L S J S P P I F
```

Word List

LOVHER	INTRO	FOUR LARKS
NEW YORK CITY	KRIS KROSS	FLOATERS
BARRINO BROTHERS	ORIGINALS	DOT N PRO
FOUR TOPS	CATS AND FIDDLE	RC & GRITZ
RAIDER KLAN	ISLEY BROTHERS	HOTSTYLZ
JAGGED EDGE	DOUBLE X POSSE	CELLA DWELLAS

BLACK MUSICAL GROUPS #13

```
P B D M E S F G V R L E B Z Z Y E H G J Y D T U V A J A N J
Z Y O B D R A H V J U G Y O P K U O U J R N E Z K C P S L Q
L B L S W S G Y B B K Y D N T A M I P U Y G Z U Y L T T O O
X O M A V W Y Z G Y Y P L U C W B X M C V D X X A O F K L V
D K S E Y F S W A A H Y D M P Z F M K B U G N Y E D A P W S
V N Y T Y E Y S O X Y Q S P N C E W W N P A X P S Z D C G
X B G A B V J K G G D X T L H R V H U V V Z A J W Z E A J P
B V O T M O D V Y P C Q D A S D I R K X C C B M L Y C W T P
U P R Y A Q Y A C G Q F R E B Q Y U I I O F Q D O I H W V M
E L K Y R M H Z P E T L A B E O M G R V L D N S D T A K O E
B M S G I A A N X C I R O B U H P C R X J L U I R W S F J U
J O O P D F A R A E X F H N S W L D Q J B G A W L J I Y N U
P W B H O S V N B T P M G I Y E W Y J D G G U R W Y L W S X
H K K N P O G E C A A B F N M I K G D K N W Y V M Y H T J B
U U P L E U L U K H L S Y N B X Q H J D J T P F Z Y O S D Z
N H O N V L O I P O X A I A F O E L W P P O L R P P U Z U U
H N N L E E M R O Q B B C H G E B S V W C A A I E C E Q H X
S H M E I Y T D G R T N H R T O F H A I N Y N P S N T P H D
M G U G W B Z B K J N V E R G S R I H A K R R S U P T E E R
W L S Y H B E Q I M O E P Y S C Y J L F I Y W L M R E W P B
B Z F F P E I O J A C Z R H T M F O G G L F G G C H S T A E
Y Y T K P V T R P D F Q A H B J V G B L U H S U R Y J X X X
V T Q A Z O S T T C I L R O E T K K R E F H K J N M W G M M
U F C S H A I G O H A T G K H A I O B C D Q T I W E L B W J
O P P R R N L X S M D D W X B M V P G U Q U J B C R D Q Q S
S W M Y P S R F A V A J G F N S F P P S N C R D T B N L A Q
Z C G O T T V R U F I F Y D B V O T T J F S M B G P V G K B
R V X K Q P C J Q L B I N D B O B O B O U R Y T F R F R D
I T D W J F J K O B J Z R A F X Y F B M L C S F A Q A J D D
O K Q D J E J Y O H M K I Q D Z V G A Z U A A X P M E J D D
```

Word List

RAE SREMMURD
LOST BOYZ
SHAI
PRHYME
PLAYAZ CIRCLE
CHARLIE BELLE

HARD BOYZ
RUDE BOYS
GROUP HOME
SHALAMAR
GHETTO MAFIA
NEW BIRTH

THUG LIFE
NATAS
SILHOUETTES
KILLARMY
TAMS
YOUNGBLOODZ

BLACK MUSICAL GROUPS #14

```
O I V J A I O K Y J A R W F O N P M E Y W Z U X F Z M B H P
F W F L Z N Y F Z U X C A J R S N X L E D H Z S Z I M M V H
S E C L T I B B I A R N J M J G T Z B B Y G A P B A N D C B
K R G B X P Z H L W E C Y R I G K A W B G H Y Y B S C L A Q
E K Z N C G X P E I K K X M K Y P E P B Q Y M A P L Y M M N
T T E H A Z B P L L Q F D I E L A D M L H R Y D R J K D Q E
H J R S L R S B U P T S R J B V F H E X E D V Q T E X A T P
E R M H B Q L R V U U A E W O H X V L U K S G N U P M S K B
I J K W T I W S P T R A H R I U K F E Z K X I Q N C Q L F Z
G O W B X U Y E B X N V F S O J K W O B Z Y O N M R U S J G
B P T V W F Z H Y A O D I I K D H B Q U Z T U S G Y J N T B
I Q I X K G M N U L R L K H H E O O P P R Q Q V U E J M K G
U H S I L S B A K X O K Z B S H L M Z X S T U E K B R X J U
Q J X W Z S X Z E P U K L G X C T T M C D G U F Z P Q S V Y
M F V L S R K K O T D Y R E H L G V A O A V X N T E N F J G
S L S H O T Y Y W N G K Y Y Y A W O B H C T N N E R V E Y A
H P P Z Y G B E J W K A C U N S Q F K R W C E D M S Y A L W
E T K X I D V N L F A K T Q V S L J U V Z E U U R M F G O S
B Z Q O W E X J W W S L G J H I D A V Q B Z W V M C W T Q U
X W E I U L X T R B A Z M I V C Q Z X X W F C K Y X J G N A
T O P F P F G X O N P B R J J E E G C Y P H W A Y Z J G P H
V Q F M M O I O L V M K K Y X X D C D X N E I C Y O V P E G
R H C O V N A L Y S O Q A D H A V N A H E D K S D W Q E Q T
L X F H L I H I S T B W S S W M X M O F E R B T P T H N G S
Y Q C S G C Z A G G Z R E P Z P K T M P R U G M Z E C I L A
K A S J G S W Q H Y U T Z I A L W D T I A U R V V Q R B M Q
S Y B M Q G O I Z O C X K Q B E H L T G D V S X Z L H S W P
U M U T Q S H S L Y C M B B L L Y K A P U B C R Z U V F M T
I H I G Z K T E S G Y O R D D C U S X H F G Q Z V W I V M G
K I T H T O V U Y L E V E L A H T O N A C F Q X B D K X F J
```

Word List

LSG	COMMODORES	ANOTHA LEVEL
WHISPERS	FOUR TUNES	DELFONICS
U	GAP BAND	CLASSIC EXAMPLE
LOX	RAMIYAH	VELOURS
GNARLS BARKLEY	HELTAH SKELTAH	ASAP MOB
TAG TEAM	STAPLE SINGERS	SURFACE

BLACK MUSICAL GROUPS #15

```
S B X P K L K C Q O N W H K Y G F L X C L W X J I D B S K H
F Y Z W K L W Z T A A F E F E A U C S C V V J R O U Q Y T Y J
G P T Q A O A M B S U M U C H I L D R E N O F C O R N S N T
R D U K R N F L M I D N I G H T E R S A C G D F C T J L S R
O R R K F O U T Y U W D I C H M V J F X O D Q A W G X X L E
G I R G S E H L R B N M N W R N H H I P W W N X I G N U D X
G C Q L M G P O W F V A C B M E R U Z S H B T M R M A B N F
S L X A W B X E P D G O A B I N I V W A M U Z O I Y X C V D
Y Y G R C S N W H J U F M H O X P L V M Q V M K I Q I K B V
N I S W L U S E Q F G S L C G T E G J S H T E X E D F K Y O
C J M S A E J G B S F P D X W I W Y K C I M O J P X U S L B
H B B C R F C G S H M T F T G V C R Y Z N O S Q I B Q A C B
L U T S K U Y B L O I N N H L A Y V N Z E Q F U E W B A E S
Y R O O S N Q L Q D U J S G R B S O F O K K F B J A J T Y N
R T T Q I K A A U H D L U F M H I M V U K Q J K P T V A D O
A P A X S A N Z P A W J F I U K E E Q O X S Y W A E R C T P
O R Q W T D T X D T I D H U A A D K B L Z K D D H Y O S R W
V I X G E E Q T W I H V H R L V M I R A C L E S O B C L P P
P M D W R L L W Z Y R G T F I S H Y N L X C I X I X W F Y Y
R E A E S I I A Q U G T E B W K Y S R C U P E D M R D D X A
Z S Z Z P C B G R X A G L A S G F M Q W Q N Z C A Z I N Q O
C U N L F Q M E S N U L D Z J Q U I P K A R I A J F Y Q G A
D S K X M Y H X I H E P K G E X K C B H U X V Z D L G Q T P
X P S Q C X K A V B A M V P J Q O H P A O F E H H H O F L N
P E H J H U M I M L M R R E O D S C A N B N L J N L H W B O
T C I G D E P H I D G E P M M P F T W H S R Y D M M G C Z K
F T A I R W B U L A U R U E J D R O O E R U L L A A F Y Q X
Z S G B P T K V H S I G O C E I Y T Y W G R I M H G T D E O
N L E G C C E S M S O V M Q H S D R D C L R A E P Y C U L C
T F C D F X A T L A N T I C S T A R R K S U Y H W B H U P E
```

Word List

CHILDREN OF CORN   MIRACLES   ATLANTIC STARR
SOULFUL SYMPHONY   ALLURE   SHARPEES
AUDIO TWO   BLUE MAGIC   PRIME SUSPECTS
BELL BIV DEVOE   MIDNIGHTERS   LUNIZ
MAIN ATTRAKIONZ   FUNKADELIC   CLARK SISTERS
RAYS   LUCY PEARL   LSG

BLACK FEMALE SUPERMODELS #1

```
B H P T M I Q N F Z X I D X P W W S K O H Q N A M A M V N S
V H Q I A G X W T C T Q S T T D N A L E V E L C T A P R G N
D J P O U B S K N A B A R Y T X A K O R J S I M A N G J U H
O H G Z D O M L Y W K W Z E Q T J X T M P O E Z L H R Q K O
I N A X H Y C H W T B I S H I L G X X A R Q A M Z T Z H M U
E Q Z T J S A G Z Q G U J E E V W S L I F Z W N D K J K J A
N V A U J U O T H J I Z P D C J V O X X J K C E S S R N S O
M N H N O P W R J K D M A N A O M I S I M S J T H M R D M P
A R O O U Z L V C T M M U Y V A K C T O O U Z Y O K A G A K
R C Y A G R D R J Y K H R K E E B B Q P O M N H K W Y L D Q
I O C T D G B U I O W A Q L W X Y G F S O S O L A D L M L B
A E A N L D I Y J H G C S T V D H K Y U H P S D A H Z K A S
B V F E K I U A D U A E C T R S X C N S P B N Y F R R X B I
O I K J M B G G B N S L X R R H F I N O R P H A D B P O Z X
R U N A I M B W J S I M A Y K N A V E L J Q O X E P B C R W
G N S A B F J Y E M G C I S E F I Z D X B Z J J L R K U Q O
E Z J L H Y O R A L E K W E K V I J A A G P Y S E A K Y H Z
S P C P W I H H G R A C E J O N E S A O L O L D E L O K Q Y
Z S W N G T N W U G Q W C A H T Q W M H Y Y R N P Y H V I M
L V K N P A N L V A O H C M G D M V I Z M Z E Q Y I I Q Y I
M F W L Z M L O S I K M I Y F S F I L N W E V D L V D E S Y
C L X G L V C W S L R V E N Y B L M A U N Q E X R F O K M F
B K W N P C P N P O E S C G A L K O H V J R B F E J I A G G
J C Y K S G F J N ' S N D X Z W T Q K S F A A S V O V B K S
J V X P O M H L P N O W Y P T M Q P Z I X U G A E N K K D Q
E J Y Q D R I R Z E D L L E B P M A C I M O A N B Z P A A B
S T U G G Q E R Q I Q Q M O V J A W D T T B X U L D N Z O G
K B J W O D J S H L W T D B O R Y T O A O B P O H U N B I I
Y U G G J I M Y L L T H T V B C Z M A S W U P E Q I U T F M
P P N O S R E D N A E I M O E L P O L Q Z C E U U C Z S X O
```

Word List

TYRA BANKS
HALIMA ADEN
MARIA BORGES
BEVERLY JOHNSON
NAOMI SIMS
MOUNIA

NAOMI CAMPBELL
PALOMA ELSESSER
CINDY BRUNA
GRACE JONES
BEVERLY PEELE
GAIL O'NEILL

LEOMIE ANDERSON
JOAN SMALLS
IMAN
PAT CLEVELAND
ALEK WEK
AJOK MADEL

BLACK FEMALE SUPERMODELS #2

```
S I M C I F K S X D O G B I Q U X W A P I J D Q M T Y I H Q
E N R G F V Y F I V S U R P O R O F T V B C Q K C A T F S I
K S X D B P S R J J B J K D D A L Y F C T B F L K N Z K S R
O D W B S U J J E S S I C A W H I T E E M S C S E A Q E E L
O S I R M L U W F E T C D B M B G U H I M H E C U B I A L H
T V N G J Z U N N U D N A D R U O J Y J O Y L W A V G W I L
E V N C G A G P G M Z Q S J A L V U N M Z G Z P L F Q J T O
N F I H Y K R F U Z K R O S H U M B A W I L L I A M S D A U
I F E O A N P V N U R H N L P E F I B F D V G W G D M K E O
M O H F Z I T Y T X H T A E Q K P O Q V R O T Y F Z I F B A
S Q A V H J Z H W W C Y K N A D R R P K A E P F I M U S A N
A A R Z L T D C I D V V Z R D E J I E N W U H J R A W G N X
J S L A G M G I R A G B E S T H Z I A C I A E E Q X O W K M
C A O H R R Q T A A B N R N Q B A L L Z I O G I S W C L S B
L Q W Y I I P W U N A A O S R T B M S L I O W Y H P H Q B F
G Y Q E E B C R Y L D M I O P P F O O Y I P U K M R P E X S
X B D A T P N I E V Y R B L N C I R E Q B A Q S X Q W A G X
O E P Y U I S X A S X S A Z E G K D O Q I C N L L A S A V L
Y T K V T D A N I I U H A F K Y I U E E S Q Z M C E P N L M
G P N R C N Z E W D C Q E B O L X C Z W C R O I E Z E B F P
S R S X D I N D L E F P G R A R H K Z L Y I N Q D R S U P X
W K Y E U I H D K Q K C J C D M R I S R G O X E R B C O J T
N A R I L A O A D R A D B N Z Y U E E P R G B P R L A A H K
R H L W C R T B W Q T A G N P A G T S E H R G B C T H I D Z
D X F U Q U U H Z U E D P Z B E X H V T A F Y R U B E X Z O
D R T H D V U V P S G H J O K I X O O S C Y C D T V L D W Y
T C C A U V G O S J Q N P V Q G G T H J M R A Q C T Z J F T
B S L I C K W O O D S K S L D E P A A R M O L T H Q I Q R C
H V Y Q R F F A W U T P S U I P W F H W D Y C I I M U Z M P
O O A V N R T Q P S L R Q E J G A R E M E O R F S D R K C O
```

Word List

WINNIE HARLOW

JASMINE TOOKES

JOURDAN DUNN

CYNTHIA BAILEY

JILLIAN MERCADO

JESSICA WHITE

VERONICA WEBB

ADUT AKECH

DEBRA SHAW

LINEISY MONTERO

PRECIOUS LEE

ROSHUMBA WILLIAMS

DUCKIE THOT

LANA OGILVIE

SLICK WOODS

DIANDRA FORREST

SELITA EBANKS

KAREN ALEXANDER

BLACK MALE MODELS

```
Z K X M L C N J C H B E Q B B U C F L I A F U C L V E S S D
L L V D I H E I X V O O G L L A W A D T R N J W L P O I C A
B I Z Y R K V U C J W K Q V U W L M G F L F E G W L A H Q V
P A E Y D M I Z D E N L M G O K Y T T Y K F R S I W A E V I
W J E K Y J J O F F V B N Y P C A K O T T Z Z V Z R G C P D
A R P L X L K P M G C F K Q A Z Z S A N M P E L L Y U U I A
X H D G T S R F S R G K O S Q N B E A A M R F E A O G N F G
L W Z O I G X Z S Z I I A U K Q S B R B K A S O A W O H J B
X Y R R I H S Q B N S Q E W Q M M C E U B W S F X U H U K O
T Q O Z I T R O Y E N A L ' E D E C M M I A V O F C L B Z D
K B F Z Q W F M S U L W V A F L R B L L I C T I N H U S Q J
I S Z I R G N K K W C C N O L Q I D L A D U H E S G M M U I
X L K K T D D Q H Z A G W A D O N I S B O S S O F U J B W J
A J I E R E I Y D I M I S J T Z A B S F Z K P N S P A E P F
N L W Z T K F D J J L R X E N M K R F F R O U B J M S J H K
Y R U E A S M E W O E A E X S D T O L E W O W E Q M O E R Q
J A A Y P R I B N Y T L O O J B D B R Y N T P H S N Z N H
K N A E X E B T N B L N N T E O T E E N L H E O E W O I Q M
K V Z L W T G O P S G A J M D D Q R S A W D J K T L L W E T
E X G N Q H L S N A H A Q A N Y S I E N G P R N M M I K R T
K J K I K D D M Y O B E X I Q S D C T D G L U I R I V J M U
O E U K S J V P H P L Y W P U T S K V O U C T E M C E H R O
V K D C J C X K J T F E E Q O L S H S C W Q I Z Y H V A H Q
N U R M D P U Z O W D I A R N G M U O A Y N D V R A Y D K E
Q I O N Y R R L Q L F L J Z O X E N A B I L E Q M E E N N I
Q F E O F V S J A E P Z W U R C J T Z R I S O R F L C Y D Z
K F U R Y G N H G O Q V H S T A Z E R A W O N W G W K V J Y
K S X E G B B B R O W D W S N V G R W L K H Y H J A C Z J T
S D O G G F H S I O E Y N Q X I V U L N C R I T J R I C Y W
A W H I G F R E N A U L D W H I T E M O Y M S Q G D E I W Z
```

Word List

ADONIS BOSSO

ALTON MASON

BORIS KODJOE

BRODERICK HUNTER

CHARLES WILLIAMSON

COREY BAPTISTE

DAVID AGBODJI

DE'LANEY ORTIZ

FERNANDO CABRAL

GERON MCKINLEY

HAL DEWINDT

JASON OLIVE

LONO BRAZIL

LUKA SABBAT

MARCELLAS REYNOLDS

MICHAEL WARD

OLIVER KUMBI

RENAULD WHITE

AFRICAN-AMERICAN SPORTS FIRSTS

```
U V M Z B F Z S O K S E I Q P Q F A B N A I R Q Q S P U U H
A U A Y V B J I H M I M S W E L Y R R A H U A X F D X T U A
H L I M J A L I C E C O A C H M A N H U O F T Z I O L T V N
N N T U U O P L V O I O X E Y I C W W M Z X H P T O O N Q K
C F D H I N E W Z B P C A W G I D I Y W B K Y P I W W Q C E
U N Y K E R L G C S U Y E E K L F E M N T N I U Y R S C L V
U X O X M A K W A L U K Y V C X S D R P L S S U L E B G F U
N P I S G A G H Y N B D K Q D Y X Q N W N G N W Y G X N Y Y
J W W S N B J I V O S I N V D R N C L R H S P B E I V T R N
K A U D N H Z O B I Z L F D G A A Y L O Z Y Y V H T H N O K
D B O F O S O Y R S F Z E C P E Z K T L K D P D L Q X S N V
Y G I S B U M J G T O T L L J F D J Y Y D D Y O W Z N H Q H
K R K S T O G U K M A N A Z U E Q E X A B D I W Z I F A X I
D M S J K B Q H Y C V Y X H T N H H M T R W D B B Q D X Y H
P V S D L I Z D W S A A L I T A G Q Y N U Q R O E F L F D J
Q M M I I O W N U I L J H O W S K G F H H N R H L T Y L W T
T A L T E L J P P F L W D O R P D E R O H E I F U Q E E R T
A M U L K G X P L V D L A U X G I G D J I D Y M Z N Z E O Q
K P I T A V A E A R R J I J B Y Q X F K D R J F T Z W T P F
D F M O S H W O A L P D H A Z I E Y C I O Z C F T Z G W C T
K W M H I O S W P E A W T C M R R A C G U A P N Z U B O G Q
W Y D J P G D R R E W F R J F S J U N Y A Z D S U Z R O Y D
Q T G L H E P U A B G O R O H B F R I T Z P O L L A R D H N
A B L W W F M S N M I R L M T Q F L Y L Q L V W O S V W S P
N I X O K F W G A Z Y I O S D D L E Z J N A H R S Y I A O J
B C Q C T K U J N G X B V E Y F D P S D O Y N W Y F T L F L
S R W O U F H N S W N V B Q G C A B C F O Y M S D O Q K J O
G F O P S S E V Y G L H V O J D U L E O K K E T Y N Z E Q Q
K R M L G Q R D E E I W S R B A D L K H A L V Y K L D R I N
J N T V N N K Z D P Q C M Q U R S N D U A G H O F M V H J T
```

Word List

W EDWARD WHITE

HARRY LEW

JACK JOHNSON

FRITZ POLLARD

BILL POWEL

TIGER WOODS

FLEETWOOD WALKER

JOE GANS

JOHN TAYLOR

BOBBY MARSHALL

JACKIE ROBINSON

DOUGH WILLIAMS

MAJOR TAYLOR

GEORGE POAGE

LUCY SLOWE

ALICE COACHMAN

ALTHEA GIBSON

TEDDY SEYMOUR

FAMOUS BLACK BASKETBALLERS #1

```
Q C A L L E N I V E R S O N H I O C D G B J G B H Z Y V S J
N O B Z X F D B Q I U P L U A P S I R H C S S S T Y B J B G
D P K W L K U I C U C H J V T Z B T Q H D F M R O P Q G W J
V O M J L Q C A S T J O H N S A L L E Y O R W I G J O N C Q
W O C H J P F O D Z L J S T E P H E N C U R R Y K B A I V L
D K C R C P K E C U B U J V I F P K V V G B J D Y T R N A Q
I X J Y I Y M O L I U Q C C K Z W G T P N T R L E W O R M S
C H M V T V J C B D Z B G C S Y F E O H W J H R S S L U X J
T K D V A O E G U E B S E K N A F D P C T B O N N Y X O V C
X G E Q D R Z R G F B G S C R H V W L Z G B N I G T T M A G
B Q A V C A O Y S W S R L H W C E C O P I A B K E Y I O F X
M I Z E I P Y B Q B T J Y H C A U A F N D O H Y E P W Z W T
P L K K M N P L L Z D M M A K T S J S R R F C R J V J N R A
J C Y P G A D Q A T D M Y N N B J O O E P D L I A R N O A N
L M N R T P T U O K J K J M G T N J I I F S A E S F A L J K
B B I W U B G T R P Y R T H P H L K J U B D N I J J J A O T
D R E R V O E W B A M J P H R E C W Y E Y S T R P Y V Y R E
A E R M Q U A J E A N N G F A A U O Z B S C H V W B O S C F
C H A V C A O J I F R T U H J D X A W V Y P O I O X H N D G
N X K N U O V Y D M Z N C O Z X E M U X Y I N N W M J T B S
P M E W D D R Z Y P M I E E K G K L Z Z S K Y G O B Y K E X
I P S A W R P F G X M Y D S L O S E G R D U D A D R D W O R
E Q I F L D E V Y X B S B L M W T B U Q U V A W J K Y K G K
Z W A Z S C W A B Y T N W U B J M E N X G S V D W U I Y A G
J B N U R D C F Y X X W D F T R S O T W A X I W A G F T F Y
C T P N U W C O T T P S K R S L X N N N I N S T Y V L P P L
U T B A K T Y Z M H O W V S K D E E J G A I D A W A P F X U
H Y H A T M U J G H I N V Z S R L R U B O D L K M O O B B M
V Q T H B D U Z C B R Y A U Y L I W K G D O J G K I E H S Y
N P R C A J T N L T M V N K A W H I L E O N A R D N S H F M
```

Word List

KEVIN DURANT
KAWHI LEONARD
MICHAEL JORDAN
ANTETOKOUNMPO
NATE ROBINSON
JOHN SALLEY

KOBE BRYANT
CHRIS PAUL
DOC RIVERS
KYRIE IRVING
MATT BARNES
JACKIE ROBINSON

STEPHEN CURRY
ANTHONY DAVIS
ALONZO MOURNING
JIMMY BUTLER
DEANDRE AYTON
ALLEN IVERSON

FAMOUS BLACK BASKETBALLERS #2

```
L G M A N U T E B O L Z B S H N H K Y B G J B C L L V M X D
H O I J V W U F C K M G X K N M Y X A M T K T I O S W U P L
F Y O E E Z I D I S A N R P E Q X K S R B P F V X S R I J L
D Q O T Q A J C W Q I I X N P A I X N I L Z W Q T B B A S Y
I X H F H F D C D A S O Q R D V F M L C X M F E A W Z M N E
T T B Z C K S J L H Y C M U E F D L T X W B A L O G W O E N
W R U X I V L R U Z B A V U W B R U A D Z S Z L U F H A K Q
A E I P T D E M X H D I I Q B U X H P V W J D S O T Y N X O
B H C N J B P L Q T C J J S S J M A Q S S U S U N N C S K N
Y T E C M H S E Y T F D T S K D A G J N S X I A C J E L C K
L K Y A R J W R O J A I E X L K S N D E L W O U F K O U T Z
I T H I C Y O R D R A L Y R Y V T Q E S E L U N M W G Z W K
I C E U A N O G F W L M T H O K E D G P E K W A D I A E H W
U S Z C N L X J H M B M E T S K R K K M O S V Z W E G W Z F
E A L L A B Q X A L W M P S J H P U R A J S D Q M N Y A D Y
R J U D A D T T G I L P A X H Y A A S N F J R S M I T H R W
Z E I A O K B D F S I T U B B A C S E U G O B Y S G G U M U
W P Q N M N A N G M D T L T S H R R N Q E S Q S W C O D X T
O M N U Q M X W D V B K G G H A K S U O L A J U W O N F V
R X O U B C P X P H J J E Z X H H G E T M T O U U H Q P U C
Z Z Z D F J H M V T N G O J A J H N U N O C Q R N K L P U N
U U E E O I Z R S B F H R R U S S E L L W E S T B R O O K I
Q Q F X I R I D I D M R G S R W H H T F I B X Z N Y R Q T M
K K J S S J A V R S Q P E D Y Q Z O I W W H E D K M J A M S
Z Y L Z U A L M C K B Z T Q L Z K K N C Z W J G T Y X U H H
S B L P U G B S A F D O F T T I M D U N C A N C W A E L E T
X Q Z Q V F C V X L X S S G D H W Z A Q F R I O L P C V S L
Q U E D F F B V V Y R P L H C N B S B L Y U U J T S Q A N X
I C F A H O F D J H G S D N C L P X H L C K N A V Q G T A Y
Y N L D U X X U X J Y R L Q I A J H E O Z X F B I J U D V U
```

Word List

CHAMBERLAIN

JAMES HARDEN

BILL RUSSELL

PAUL GEORGE

J R SMITH

CHRIS BOSH

CARMELO ANTHONY

LAMAR ODOM

KARL MALONE

KRIS HUMPHRIES

MASTER P

TYRONN LUE

RUSSELL WESTBROOK

TIM DUNCAN

MANUTE BOL

OLAJUWON

MUGGSY BOGUES

VICTOR OLADIPO

FAMOUS BLACK BASEBALLERS #1

```
C N X P P H U U I B T C Y G C D P D V E J F T M J O Z Z B J
J Y M C C D M I P S B C S I B O B G I B S O N B B F N O Q K
K L V J F L V E Z Q Y J X G Q F S I K Y C D A W U I Z U H Y
J B U M E T O Z N A C Y J Z G Q M O U X S J N I C W A W K O
J P V Q P R X U C C W N T R F Z G C X V D D M D K R W X C A
H W Z Q L O F E B H Y Q K C Z H W R S S P X S A L T D T Z E
E Z D W I Y B S U R W R V G O Y C D D K P G W N E Y Z A A F
H W E X Q C C S M N O W A Q X O Y X E S V T Z Y O S F F Y R
F F Z R Q A H A Y H O C K M V U L O A R A I Y R N J A W B I
S W D W E M A G G U G S K O M W I P N R E P X B A M H X B B
Y S X I S P N U V T N V R B M Y B O A Z G K G H R U U O Z P
Y Y I X X A K T G T H R J E T F S L P P X M J G D X R B Z G
M B S F E N A U F X R N G O D K T G X B A E A E X E W A V C
Q X Z Z M E A R Y F J H N A C N N F F W M B R I T E G B C A
S C X T W L R O W Y O Y G A F O E J H Z H T E G W E V H V Y
Y J J C Y L O J N F G B J S T F Y H B V B A U L E A R V E D
R B U X K A N A J W B E N S K K S H Y N J S J X L W B E S E
B Q C L R T O O Y T I X E J X Z D Z J E C A Z O R O Y Z H N
M U A E M D U N Q G Y L E K H U S K V O K H H X S F U K C B
F K T W H J N N G R R E U Z M V E I T H E C W M Z B F K E D
S Q D E R N I E B A N K S J X N J J A L E M I B A J V Q H J
S B H Z A S R P H Y L F X E G X P N O W L N O R T V W L W W
X P F W U N S C P B F D U R V R E X F I P M R R M G W F R I
G P O B J G R U W I L L I E M C C O V E Y Y Y Y G E M M U X
H H R J I A D P O A X F D T T I L D N P B K P I L A B A O F
V H O B C S Y M E M F M R S Q H J B Y O L K M Z E L N Q W M
B W Q S Y Q U M I E M R K H W C L S N J L O Z L K U O U T X
V L O C H K T J Y G S B A W R R U D R I D M A B H W W Y X G
S G N Y J R D J Z I A W L T Q G S H G K J K P R X Y I Y D G
L X O V S G R Q W U W I L L I E M A Y S O C N A L K A X T X
```

Word List

HANK AARON	ERNIE BANKS	COOL PAPA BELL
BARRY BONDS	LOU BROCK	ROY CAMPANELLA
OSCAR CHARLESTON	BOB GIBSON	KEN GRIFFEY JR
TONY GWYNN	RICKEY HENDERSON	REGGIE JACKSON
DEREK JETER	BUCK LEONARD	HENRY LLOYD
WILLIE MAYS	WILLIE MCCOVEY	JOE MORGAN

FAMOUS BLACK BASEBALLERS #2

```
Y P A F C H D A P H V K G H B J F B V Z P H L Z J A J Y J S
G I T G R B R Q N L X W G L I Y I T Y A R R U M E I D D E F
W T I E J A S X G D E C R O Q Q E N S V O U B E X B B H E
N K M V O T N N D H R U G U J Y N I S J F O I F Z I I B E Y
T O R O A V H K Y D Q E F N U Z K R D P R F S S J U J B I K
X Y A K Y R J W T K P F D J Z R M I D B M L Z E P K M X V I
E V I N T Z E C Y H H G A A A W W K L E V K A W D O O G H M
S A N W X A K K F T O C R L W S C J E P O O W R C K E I B J
Y I E Y I N W T I L K M Y E K S P L D O J O P W R B R N A Z
W N S C R E O M W I A R A N J Q O Q G A B B E X U Y L B S V
N S Y Z O B S N E W R W Y S B C M N C Q Y N A G W K D R B J
H F Z M S E I R G A I O U Z V K P Y S M N U D R J I P O L Z
U T Z M I A O A B G Y C K Y C H R K I O J F A N D R I W B M
S M I Z Z B R Z C U R T F L O O D A D R U Q V I T B D O W Y
H P Z M I D C I R V Y F O N K E R W R M E L E Y T Y M E D Q
A O H N S J X D R L T Z L L A Y W S N P D H W N L P E Q A T
W N S Q S E P X E N N J O S H G I B S O N Y I W O U C F F K
B O H U T A E E L N V M X N V B C V X K E A N Q N C I T I X
N S J H J J T L V A N G X P E C W R B P U D F C F K U X O R
Y N X X W D M C Y N U M V N B D U I O X S B I V X E E S U Q
Q I O H R V E W H J I W C L A O X M J A R C E U U T P O H S
N B T Y E W I G D E T O K H Q D S L A W T G L I B T Z G U R
Y O H Y O Y N W P G L S E P L O F C C T I G D B F K Y F S G
J R L U L B O P C B E P P L N I L P K L U F D D G K U N O S
J K G T H M B H R V K W A D O R S Q S J R A V U N W J K W G
H N C H B E Z B X O L S W I T L C L O Q B W R H U H G W S C
L A V Q S H O E F L H V I Z G B B D N G S U V V R E N W U C
N R B X A G W C E V K G V U M E C Y X P O I W D F Y Q X S C
K F W M M B R Z G F N C K I Y O W I L L I E S T A R G E L L
L N J T S J T R U F R V F M O C F I M J W D B I X V C N L P
```

Word List

EDDIE MURRAY	DON NEWCOMBE	SATCHEL PAIGE
TIM RAINES	FRANK ROBINSON	OZZIE SMITH
WILLIE STARGELL	DAVE WINFIELD	FRANK THOMAS
LARRY DOBY	CURT FLOOD	JOSH GIBSON
KIRBY PUCKETT	ANDRE DAWSON	BARRY LARKIN
BO JACKSON	LEE SMITH	JACKIE ROBINSON

FAMOUS BLACK NFL PLAYERS #1

```
O O Q D B L Y B S F A X T T K S D B K W O K U X A P T T B J
X B N G B C Y K P O W T Y V G Z M Y Z X X R K X B P V M F J
O G O R T Y Z K P Q F J Y J E V E E L W G D U N L T I T I Y
A H S N I T C U I O F T E M V O E Q L Z T S S C T O N J J R
O P R P L D F U P K C K R E C S T X N B N F A B S F R H R N
S V E M Q S Y H R P Q D T W K H H X O I L L H P J A L U Q H
E L K C F Y M L L F Z T N Q J U W P R S S O V W H D Q T W L
W F C E D R A N D Y M O S S Q B Y B N M H E U O Y H N J A P
G Z I R E W X R O N N I E L O T T P X X Q B F N A O J W G D
I T D I F I G X O Z Z F Z N O H M F Y W A D J V T G R D A H
H Z C S A H R O X C F X J L Q Y H H E N G B G Y Z E J G L K
M C I D W C T O P N O G K F T S T A H X D V A A N L O B E T
C G R G V V J Y D U I V S E I I I A K E G P L C R B A W S X
S S E H X O A K J W S E G D M U V W A V R L E F E R N G A S
B D S G R Y V M R B O A V S J Q Q C G E I T P N B T U K Y F
H E C X I G D A E E P O T S R G O L T V A O E X K Z N E E B
O I E H N Z K I N N G T D K I N M L N Y P E J W K W Q B R G
E P J G P B W G A H I G P S J W A F L X R W Y S O T A T S G
A A S J D T B L Z M K G I O O W E O U G F E V R P R X Z D L
L K F E V J A Y M I U S N E R N R L E K A L B D R X C P M N
R V A R U X I E O G Y E U A W L V O Y G S M Q Y A E D F M C
Q Z P R P R F P N V S I C L Q H J P F A I R S I O X R T W K
A C D Y P F S O P D N F W O F D I U J J R A F G W T Z L S Z
N H U R R A Y C I N C X Z M F X O T P C N P U V T F D S H M
T L I I N E G K C H R Z I Z R X D J E D R A Y L F V D Q K D
F I Y C B A Z J U X C L L H K Q H U E I B L J E I E N Z Y D
B C F E J C L Z L Y H T K E Z C X R T H Y Q Z U O C F Z P F
H E A B N E I O I N T W W B N O S P M I S J O A V G O X Y C
L K X K V X C P R L F E X V I N T T P Q D K Y Z R W F T D Y
Z F Z X N F C T I A B V H L U N M Y N Z B N Z R C D G J S Z
```

Word List

JERRY RICE	BARRY SANDERS	WALTER PAYTON
JIM BROWN	LAWRENCE TAYLOR	REGGIE WHITE
RAY LEWIS	EMMITT SMITH	DEACON JONES
RANDY MOSS	JOE GREENE	RONNIE LOTT
ROD WOODSON	OJ SIMPSON	GALE SAYERS
ALAN PAGE	MEL BLOUNT	ERIC DICKERSON

FAMOUS BLACK NFL PLAYERS #2

```
N E K X E R C Y W A Q C L N M J L A H Y L Y N O I P O B B D
G H R C N S C M R F K Y S C Y J O U H F T B P D V T N J F H
T N X Z W M H T R F Y R Q I E S H N P T Z K J G A V W K L B
B N F S P W S S I L E U U P K S B G A F I C N T T T Z Q E Z
D T D W I H Z X K D L W T S N K N T G T W M G L F B D X M K
A D P Z E Q J R N Z S M F O I X B V K I H N S Y A S V N X X
T I Q L I Q L A M E J I A F X Y O C G Y B A L E J K C J I F
K B L M S M S N F A R K W O S I D A X X E U N Q C F F W G X
H L I V I N F K F W C E K E F Z L H G C Y Z R O H U Q T U Z
B W X A O C K H M J P S T E L W H N E Q L Q E L G F R U E B
R C I I G D H Y E D F I G O L Y I V T F V E H U Q D G B H F
I Y E T N R A A E A H N R E R L A L U S K P V Z U B E N Z N
N D Z B O E N P E Q R G Z C N P E R L G Z A I G P K Y N O C
Y E N O C N Z Z Z L Z L L Q O E C N S I M M J G J E V L J S
V Z L W T V Y Q H Y S E C F O C U I W G E C Y C A L U G M I
V D A L M N V D X Q S T Q A V S K P J I I L I S X Z D N R E
Q V V I A V C F O D C A R D M L P V S N N H A J C V S W I Y
U H T Z F S R Y T R A R Y A U P A L L H N S L N F F I Z N D
Z K W K M U D Q Q S Y N A H I B M S V A R L W I N P V X R D
O J R R K Y Z C M V J E F M L A L E I E H W A O Z E D B Z D
H E Q Z D L T Q R E L L T K D N N N L C D M F F W E R A Z U
X Q Y F N B D L I A L F K T W K A H A L H O T A A R H F I T
F U S H D C K N W A M C A U T C E K U E H A E W I G C N F M
U Q W Y N V L F H I G B I G C T N F Y I U Z E G E L V E K T
A G W L P Z O S R G F N P N I Y N X Y L N I I L H L B X T B
Z C Q I L C R G H O S E S S S Y K D L A H P S W I E D P H T
H Z F G S A H P B F E N P A V S M W H I W Q F H F R O G O Q
A K R B M Y V N O Q Z P M N K W T F V B U F Z T P R V E D Z
Z U P M N Q P K O I Q N O S N I L M O T N A I N I A D I F N
H D Z N J P G D Y C Q J W I L L I E B R O W N D I D S Y N G
```

Word List

DEION SANDERS
EARL CAMPBELL
WILLIE LANIER
WILLIE BROWN
MICHAEL IRVIN
KELLEN WINSLOW

BRUCE SMITH
DAINIAN TOMLINSON
JONATHAN OGDEN
DARRELL GREEN
MARCUS ALLEN
ART SHELL

MIKE SINGLETARY
GENE UPSHAW
MARSHALL FAULK
TONY DORSETT
MICHAEL STRAHAN
RAY LEWIS

FAMOUS BLACK GOLF PLAYERS

```
G O X J L E G Q A U J T U X J P V C W M P N H F X Q I N L P
I P X I U P K M O B U M X T C A L V I N P E E T E V W C G W
E F C U L D S Z O T Z R L R R P D Z J V M Y E E V O D H Z S
P X V D G O M S S L E E E H J J B X E J J O Q W R I H A U U
O S S L F G K U R N E L H L H I O F H O V W D B U V G R H T
A G V E E N C U U E L D K G F M K V Y H V J E L J T L L E J
D H J M G W E R L I O O B W W T H Q R K P T M W K T Z I D N
D J C S D F B D P S T W G V S H Q A K V E I P O B X I E Z I
Q I T C O Y E S C A U L O A T O J G R P Z R D X R D S S A F
I U F A R R L T I D I H G W S R G I O O Q U S S E U J I K K
H P T R Q L Q Q N E D Q K U T P F Y M I L S S D D D C F I S
A X E W I Q Z T X N O O P B W E W E P D E D E G Y A C F Y Q
Z J X B Z D X J W A I E A H F J Y F K D E W V W N L R O A D
J Q O S P X K W N P I M S T T Z O K O H E N P A A Q T R R M
S W C S M R O M K A H X X O J U Y H H Y O G T E R V A D A J
H I M S Z A I J C R P B F B X Z R I B T D K H G P N S L N E
K Q G I B Y R X L K D M Q C W D G R G U V T S M S A E U D D
E A Z G U R W F B S I Q T O E W O G D Z S U Q D B I E R A L
A M N B U T P D G T Z J Q T K W L J K Z X T O Q D M K V L U
R L T N V L J Z T A M Q K R N J S E P O X O S O C W A U L K
S E T J G C C R V K V O G Y M K Y E S E W Z Z N S A M O W D
Y L Q H E R S J O H N S H I P P E N H R T P Z I Q C D N O B
R J F S E B E K L E M L B Y Z A J M E W Y D U G U Q S F S Z
W Q W M W A X G P Y N O B C N F K G V I F O H B W R Q V I S
Z V E F T A G T O A I Q X F X T I Q H S L Y J M B G P K R R
M N L N L U F I E R Q Z Y T P T E C X E U C G V M V W S H T
Q U H A O E J P B D Y N R Y D F C E O M E X M I J T O S B T
I F M R U L U K A S H Q Y G I R J J R Q Q S N S E A I X Q F
X O X G O L A O P F O I Y L K H L P C F Z C E R I Y J M J V
M Y I G G U V P E Q V N E H W K M I S P M F L Y C K O O V O
```

Word List

TIGER WOODS
CHARLIE SIFFORD
LEE ELDER
JERRY BRUNER
BILL SPILLER
SADENA PARKS

JIM THORPE
PETE BROWN
DEWEY BROWN
ALTHEA GIBSON
TED RHODES
JOHN SHIPPEN

CALVIN PEETE
ANN GREGORY
JIM DENT
JOE LOUIS
HAROLD VARNER
ZAKIYA RANDALL

FAMOUS BLACK TENNIS PLAYERS

```
E C D C M J D L U N W O R B N E T S U D V I E V R J S A T J
C Y P G L E X S T D E F G G A Z T E D T F Q R D B T I C T V
Q B N A B Z Y L G S L Z S H X G E N E E F Y L D V A X Y Z O
V V Y R O G A Ë L M O N F I L S O X U X I N B F W M Y M P I
B J Y A J H D P F E Q X A V J S G O I S C D E X V L R C M V
R J K N B A D E V R G J N Y B V Q G B E S L I D U V L G Z T
I P T G S O M S T E A J H I F D T S A K A S O I M O A N G U
F M F A D N I E Y D X N G L K C R W S B I O N V T E L Y D G
T K F N F K U N S G X A C J K D B E L D L Z F T G K X O S K
Q A D G S C T L J B E Y F E S L N U F V K O N R C I Y U P J
U Y F A G I Y D A H L G T S S M E Y B N K Y X A Y G H W A A
X X B X P N G O T E E A D R H T A S A C H I A V I C K E R Y
F B L D N N P L H Q Q F K K F B I I L R S A K E S M Y Z I K
T I T S L A A S E X O H Q E F T A A L D N S Y Y L I E C H T
W O Z A Z Y A S J C O R K B A Y O D F L O Q K F Q P H S R H
A B O S Y R A C O H T O A X V W M T D O I L K X S S U L C T
H Y Z N U L V H L X Y Z W R N P B S Z Z E W X N Y U G O J S
O U Q H P G O X E H R G N U O Y D L A N O D S E H Y Y A Z U
E G T L Q S E R E N A W I L L I A M S F O M K U W J O N Y F
Y R L Z T F W J T Q H H Q F Y S O M E Q S N T H N R Y E F T
A F W D R N Q U J O Y C N N X H F X K H O R C Y C E N S G L
E Q H O B X Q J V E W B T S F J Z J K S Q O W V L A V T R L
D V G F L Y O M U G V N K Q Z X U H I U W L D O I N L E W M
Y B A B W B P X K T X Z S W C P U D A G N F D L K W U P V J
O K V J G D X Y E W Y T E E Y U A A E B T S T X G P L H C E
M F C K H I I M V W I N J F N M Q H W V L S V M P A I E J W
X K N I V V E O L E Z M T U Y D J C F F U A G O C O C N M J
D F Y O G O W I L F R I E D T S O N G A C C S F V Z G S T G
P N L T T Z N S N Z I X P H B T U B Q L G D H T P Z D E J S
I Z J J Y S M K H R Y C F K W S G M Q B B K N D T R L N N O Q
```

Word List

SERENA WILLIAMS	NAOMI OSAKA	VENUS WILLIAMS
COCO GAUFF	ARTHUR ASHE	GAËL MONFILS
YANNICK NOAH	ALTHEA GIBSON	GARANGANGA
JAMES BLAKE	WILFRIED TSONGA	DONALD YOUNG
TAYLOR TOWNSEND	SLOANE STEPHENS	MADISON KEYS
FRANCES TIAFOE	DUSTEN BROWN	SACHIA VICKERY

FAMOUS BLACK BOXERS #1

```
X A Y H F Q Y Y M O W Z R S L G U C M O Z Z D P X B Z K I B
L A R K C M D T P O Y G N F W J F U S I U O L E O J Z J Q O
S V L B T H Q Y J Z I I L Y A P N U C L D U E N V Q P H V L
T F T P T H Z Y O L K U F I D O E S B F O U D A J Q B U R F
C Q M W U L J Z A P O J B C X F B R A N R A J A S D G L G Y
X R K T E L A D O E E L L N Y I R O N D A P R S S H W A A S
F E D Q M E A H O B H H S D D K M A J E Q K A F W W C T N H
J D K S D M D S H F C D N P R X T B N F L L H R V L O R Z L
A F N P M R C B F L F Y M K F A K Z N K G L U U A Z A W H F
O P V A A S B U W S J L T Y A C N W I U B G W A W E D X P T
A T H N N O S N H O J K C A J B G O O Q H R N H H U O G K O
P U R A Y X K A B I Z R W H L Y L D E S V N U S I T C Y A G
M E G A U L A A R C H I E M O O R E E L H J A N D T E H E Q
B H A T Q Z J C V F F L L T D E F M Q P Y M A Q O L A M L Q
W R Z K T E I B C E R Q J U T B L X E N O A N N D N T K Y S
Y Z Q L T U Z G D W C C K S Y O B P Q H L M R A T M K W E F
M G Z H O N X S V J Z F U S H Y O W T Q B Y R P U O Z U A R
F I W A Y L V K R K W B P Y K R L W M K P B K H D K W T W O
N J C J L D Q A I G L C R A C S I J L Y Y D S P I T Z V R D
Y M I H I K R D I E R R N U H B V W A H F H S M I M V E M C
N N J O A V C H T O A U O J A Y E P T B C B Y L A S I C V O
F Q I U B E M Q A L G S B J P I R O J U C V J S Z Z R H N P
N M I D P E L T U V I F S I M K M P K E V I G Y A B W I J O
C X K R D Z J S H E T B Z P N I C K C Y T G O R B Y J Q R F
P Q V M C X P O P L S T K S T C C W B H A C F H I O L Z R O
W T B I L U Y V G I I M X K O I A D N A V E Y G T E M K K N
K Z U I O S T A Y Z N U H X M N L R L X O K E N N O R T O N
L H I R S L N H T R Q K U H U G L Y T J V X F D E Y M E D N
F E Y A S Z R P S D X O S D P J K X Y E K Q E V O L T K H H
U U P F Z M G S M R A Y R O B I N S O N R Z D Q E D Q C G H
```

Word List

JOE LOUIS

THOMAS HEARNS

ARCHIE MOORE

OLIVER MCCALL

RUBIN CARTER

KEN NORTON

RAY LEONARD

RAY ROBINSON

PERNELL WHITAKER

MUHAMMAD ALI

BERNARD HOPKINS

FRANK BRUNO

LARRY HOLMES

TIMOTHY BRADLEY

MICHAEL SPINKS

JACK JOHNSON

BUSTER DOUGLAS

JOE FRAZIER

FAMOUS BLACK BOXERS #2

```
N Z V C B S F X M S V R T A P I V D C U J K Q R D H S V W F
K L X C T V G U C S E E N L B M U O Z I F O S E X Y I W E D
N E T M Z Y R A Y T S D Y R P L T D T F R Z Y T V C B E U M
M N H J I R U C E X R G A U U R L O Y L G N O R A T N Z P V
M G K L S Z T P O E L Y C E E L M V B S F E S O N H M R Z R
I F P W N H L U W N M F K B U R W W L W T M T P F X E O C O
H D O J I E M A E E S Q E A F W K L X V X Z T N Q J V Q S C
T I J T U P R L R X O R L B A T A N E C E E K W Y V G K Q J
K E L M K D E C J Q D Q D A R Z M D K S D S E A J L J O B W
Q V A T B S E D W N Q S S K N I P S N O E L H H O E X O C S
L S B A S R A E A O O S J C S B U J N L O C O S G M M C W X
I S O N N Y L I S T O N V H X I V X N N G E J T R I H G M G
N U T Y L T F C F R H B N Z S P Q C N E K L Q N Q L R U Y C
A R S F W X P Q E L X G I E H K M F Z T T M H Z B E Z O K J
Z Q U V U E V H P F O X G B R N B I U K F R M O Q G Z H N V
Y Q L V I S T I R O L Y A T N I A M R E J K P Z H R T X K G
H U G E D A P Y L R N W D O Q S D I I U X V J Y F I L L S E
V Y O B E K Z R W N I M Z P T R H J N K C K H K W F O V R L
Q Q V W U R X O O R Y S Z Y A Y I A U U F F E Z B F E E M I
Y N Y Q J F Z V A G I F R V U T P D N Y M O S Q H I C N R B
D A R K T B P N V G J G Q Z G T T S D N S L A B L T Z D P W
M C H R I S B Y R D T R U N U J U E C I O G T K V H I I E E
B V M I W A C H R I S E U B A N K E R N C N D Q E V G I V C
A W E A R N I E S H A V E R S L Q M S S P K B F L Q F B U D
G U U K B F M V P D E N W O Z N O C I R O E B R A L N K D G
M C L K V I P O A S V V Y B P L P I J A F W N X O I S H I I C
Z E R R K G D S K K D W V H Q Q C N P T R J H M W G B O S E
Y B Y V O D Z H B P J K T Z P X G D G S E E Y D I E G W W Y
B N S A I U F L W F L M W A B D U Y F F H S K D K X T S O N
P F J E V A N D E R H O L Y F I E L D G I R V X Q X V A J E
```

Word List

CHRIS EUBANK
RIDDICK BOWE
ANDRE WARD
LEON SPINKS
RAY MERCER
EMILE GRIFFITH

SONNY LISTON
EVANDER HOLYFIELD
SHANNON BRIGGS
FLOYD PATTERSON
CHRIS BYRD
IRAN BARKLEY

SHAWN PORTER
MAYWEATHER
ANDRE BERTO
EARNIE SHAVERS
JERMAIN TAYLOR
SAMUEL PETER

FAMOUS BLACK CHAIRMAN & CEO'S

```
H G Q W L I F Z B V S S I V E K L S C R H D Q S I M T H U D
Q E I B Y Z K X G R Q Z S X E V M V O S T Z E I A C E Q V F
G D L K E K K K A F P Y Q F I K T G I D F N F R G H B J N S
U E R D S S Y C F H Y K Z H B N E W G L I B V N L T I G B M
L L O Y D W A R D W I D A X ; R E L L A Q I Y G S A J A P E
W Z D O N T H O M P S O N N F L Y Q R A N K I K C U R H C O
V S M O T A X I W S W P O E N T K N A E M X B U O A L V W S
S J Y B D K S F N F X S R I I D I Y L P I G A K R I K X D Q
X R A Z B H V V T E P G W Z R L L L D R L G U A W L X F B K
K U K U C U Y A R M U L J G K T I Y E R P M N B E F P P J H
U I E P Y U F F O S Y J P N D S O S S B Z O T I R Y C X J W
R F P Y M Q L H O A F O A N O V Q M I E N D X W K T N R C A
G N W H C O T N X M C R O N N O S A B A M V Q V J S J S P C
J U K K E W J Y W U F S T O B F N I Y J H G E M G L K A S A
G I W R N R Y E V N R U T F Y L R L S R C R P J L H M W H J
C U D H F W E O T A K S Q D M J Q L M Q J L O P J R V A O H
G I O E U P O W P L N S S U N G A I G P G U R E Q W M S R S
Q J F Q Z B E D E I U D X O L E S W W E P H A V X T Q O X F
B X N Y A E R M W R Z A T T M V L D I U T M O C F I V Z Z G
X E Z E A A I Y T E B R N I W I X L A R B G K B X G A Z T T
M M N D H Y R T D O A D D E E B Z A X O F C T E G Z M S T B
T V Q C D A L I L H C P N N H K E N N E T H F R A Z I E R H
F E I E M X O N W I D B O I H C R O D E B H E Z B A H W P H
J R O Y U O P N H V N Y Z Z L Z H R B P T L Q B S N D Y W E
O T H T Y Q O Y G W E K C S Y A J T B O I Y W K H B J Q Z D
C L Y P K T T W Q N P V S S T H S K E Q A N D O H G F A L K
S F D Q F A Y M D I R S L P N Y V O Y N S K R E J J N Y U Y
A C Y I H C U O A L P T U H B W P Q R M N X N B D L H I M O
S L L J H W R O K U R S U L A B U R N S Y E Z F K F K O X B
L C N H R B T C L A R E N C E O T I S J R Q K V D U T Z M S
```

Word List

JOHN W THOMPSON;
ROGER FERGUSON JR
CLARENCE OTIS JR
FRANKLIN RAINES
LLOYD WARD
RODNEY ONEIL

KENNETH FRAZIER
ROSALIND BREWER
CLIFTON WHARTON JR
JIDE ZEITLIN
MARY WINSTON
RONALD WILLIAMS

MARVIN ELLISON
AYLWIN LEWIS
DON THOMPSON
KENNETH CHENAULT
RICHARD PARSON
URSULA BURNS

BLACK NATIONAL LEADERS

```
U H J D J J R H H Y E D I G P S F W Q A F U A X M K T O K S
N D A M E A M F O T V L Q B H R G T C P E M P N Y C J N S V
Y R K R J M M S P J O L P O F J I K G O L R V M O C C C V
L A B W R Z O E G A R T Y A N H S Y K P L F X G Q I T K P M
H Y X R E I L S S M T A G L B U H T G Z F D J Z X I V A B T
O G L W N J E U A B O Y H G W A G X B P J Q I R U U P R V F
I Q U E W O F T L P A S Z W S M K X R J A N D J E M S A I B
S M V A C H G R T W A L X M I C F E V G G L P W L R S H F L
Y T Z D Q Z B J E U X R D H Y N W F R G B U L V E E U Y C O
C G T W I R P Z X D B X K W S F F Q Y C X C M N T E E T X E
L F A H H W X Z B L E M F S I J W R U Q E W R A O L F O H H
K G N V U D O B A M A R A O F N O B E J G U O Y T T Z V U J
V H B Z L R H Y O D L G I N F P M U R Y T C V A J W T I J Y
N V W U U Q G T W I O Z N C X H O Z A T I T E M K D C Q T E
R B V K T H S O J T L R G A K W M U A S Q H A B I N R T P I
Q C N X H C G O O M D A E P T D L N I O W D K C F I Y R P C
H U Y F E G B Z X D P D D T N P O H A S T U X R U H N Z S L
A B L K R N O L Z Q M I A A O D E U I A D Z V X M S C A E N
P S T G K X B D T Q U A W E M N J L G K B A Z S L M W B R G
G E O L I G C Q W T T X R W I M L D W L M E B P R C K U E H
C S E X N L V C C Z L X D S F I A C Z P A S E J R X K S J K
I T I V G S Z T Q D J C F X H F K H H F W S D Z C A T U D H
F R V I A X O S Q L D F L P N A P P U K S O S M H T A K A S
K Y I V Z N I B I W N O Y R C A L L N M Q Y A S N G P J H C
N E A L E H U R S T O N R B U D M L X E D L I G U Z Q E G Q
S K Z R R D P S I D N E Y P O I T I E R C N O N V E Y E R K
A V J M W Y E M P K N Y O X S M Y G H O E L C C M E A J O Z
L M T C S L Q J Y U M H B I D Q H H L F S V T B O D G A J S
H A R R I E T T U B M A N Z F A A M A L X H X K P B M G G J
I B T R V L I Z R T T P E O X D X S A D A Q N J G N B N V U
```

Word List

NAT TURNER
THURGOOD MARSHALL
LUTHER KING
OBAMA
NEHISI COATES
SIDNEY POITIER

FREDERICK DOUGLASS
ROSA PARKS
NEALE HURSTON
PHILLIS WHEATLEY
JAMES BALDWIN
HARRIET TUBMAN

HARRIET TUBMAN
MALCOLM X
OPRAH WINFREY
AFENI SHAKUR
MUHAMMAD ALI
ELLA BAKER

BLACK INVENTORS #1

```
R S R W U V B D U G D D X J E P Y C P B I J M J X R T S N G
B K S B I Y P C G H B B E N J A M I N M I R I A M U K R E F
Z G N E B Z M K X I A E M E K T F M N V K D D D U M Q O G F
K Q S R A A P N O N N C D L A U H B P X A F L K S F R Z D G
M W A R N T Y B C Y N P Z D T P K K N C A D Y E G G I M G
P B S Y Y S M P I L E V T K P H J K Q I R Y P E E Y V M C Y
Z C L L A U B Y P S K Q U U C P M H E Z R B J E R A T B O H
M U X E G G I Z K M E O A I K E S W W X B Y D O D D M C T L
Z E O O A U W T G Z R I A P A W T O F J K W Q L G P J I S K
B G R N A A P I C Q B Q S N U W R T A F A P L E A R E R R E
A Q X I U E H D J V E C B H D J Q L B R P E G A P K K O I F
T J F D G C S C H Y N L I E K R E N D E W P Q P K K L B B Y
H G F A U I M Z A U J H C G A X E X Z K L Y M C B J M L L B
P K M S S L L F G F A E I Y A R D W C P X L A V B A M A M E
A Q W N T A B F J H M V P N O L D A S V K L E Y H Q H I V X
T V T K I Y M T V A I Z D E O I L A F J B A X A I T W R C W
R V Z Q N I N L W C N E V R I B G B N E A U T T R T F H O A
I B C C W J I I T Q R T A M H Q I K S D E M O R T L H E H F
C F A P L K U H V A K H M Y A B N W C R E E S N L S N X M
I M B I S V G O R S S M D H P A H R O G P E A S K X N R U C
A A Q Z L C F C D O Y G T Z J S B B L U P H W B W V R Y M V
K I A W N E H S M S W W F K S H R C W J W M N M J V R F S C
X X E P E I Y A Z W F G S Z R E E T K C N W P J D U I R K Y
P A P C E V R L H I F U V Q D N P B O A H E N K W A B E N A
A H I S F A Y W E S S N S H M J K S A G O D Y F W G Y Y P E
M P Q T V O W T Q O T W K R B A G N E G V D M O Y N N N I K
P G E Z M H F B O U N E K W D N H N R F Q A A I D A Y E X K
B I W E E N B O C D R A V T M E Q K I U U V A I W R I G B W
J B X N B F V S G V Q M R G Y T O B M T S Z U M W A H Z I O
V E L T N O T S V X Z D J D U S R P G G Z W Y R L O H F K Z
```

Word List

AMOS HAROLD

ALEXANDER ARCHIE

BANNEKER BENJAMIN

BATH PATRICIA

BENJAMIN MIRIAM

BLACKWELL DAVID

GEORGE EDWARD

BAILEY LEONARD

BANYAGA AUGUSTIN

BEARD ANDREW

BERRY LEONIDAS

BLAIR HENRY

ANDREWS JAMES

ALICE AUGUSTA

BASHEN JANET

BELL EARL S

BLACK KEITH

BOAHEN KWABENA

BLACK INVENTORS #2

```
O H T A Z W A B Y A V O I Z U T C X T A P T B C D F U N S Z
K L Y F X Y P T R Z E G R O E G S R E H T U R R A C Y F J N
H Y X A L G A P J A E K C X S K L K J X P Z S R B I C O G R
J V G C L Z E F B Y N A H U U A D B X F L U V M R P Z P H K
A Z K B C K P O C R R S G H L N O W L T G D B D O S V B N W
S X J M O T D I R M A N O W I U B T E Z C O P M W C T J S E
R Y J Z K W D Q Y G A D E N C F F Y O E Y X A A N A M C G L
Y F W J E O M W G V E N Y H H X S J I K X Y Q C O R A H L R
P K C W E T K A N J P W E S N E Q P I A Q U T G S S B A T E
S X Q S S G W I N D E T A C T W R N S X S W O M C O R N S Y
P V Q A I H O I J J E R R S C E O M F N R X H V A N O D C D
G N W M P H G O O D A A P Z H T L R A C D C C E R B O L W Z
B F Z O N T B G W U E M L R I I T M B N N K U T E E K E A W
J G M H A X G A B E L H E S D Y N U O N V F F L N N S R H Y
P M T T F F R U F U T E O S Q P Z G Q G O R B E J W C A P S
W V L N S D X E W D X L N P X W S G T E F G B S A X H U I E
F G R O E B R V G L D A C B P T K A Y O A A J L J A A G O L
F V K N A N F M Y T O X Q U E H X X A Y N L P V Q X R U X R
K B D N V J Q V Y U A O Y H H D J T H A B B Y L K P L S T A
H O W A D M R D E P E E R E A A U B K F U X H I W I E T P H
P Y E C B Y C V B O O N E S A R A H R M Q U L B V U S U J C
A T V U D S H R W E K J F J Q F Y D Z C M U Y C I P G S J E
R Y U W U Z O V W N D K V O G O Y N B V H H D C S Y E P Z L
X Y P N Y R R U N Y C Q H D P M V A O C G W M Z C T V U P L
J U W I L L I A M W A R R I C K X H G K F K N R G G J W C E
J T J X T O P W L O U U S D R I E V K C A I A O M P G O Z P
T N D W I T S P T T B O I V D Y Q I F J D R B C O C R X N P
W A N X P V Z E V E G D X U B U R R J O H N A L B E R T J A
R P Y K G C R U R Y M U C D A M C K A Y S C S O A C D L N H
G W D U K B T J P S S L V A N B R I T T A N A C Y Q V H E C
```

Word List

BOONE SARAH

BOYKIN OTIS

BROOKS CHARLES

VAN BRITTAN

WILLIAM WARRICK

GEORGE WASHINGTON

BOUCHET EDWARD

BRADY ST ELMO

BROWN HENRY

BURR JOHN ALBERT

CARSON BEN

CHANDLER AUGUSTUS

BOWMAN JAMES

BRANSON HERMAN

BROWN OSCAR E.

CANNON THOMAS

CARRUTHERS GEORGE

CHAPPELLE CHARLES

BLACK INVENTORS #3

```
C X K C F V P E P L U A P U L L I A H C U D Y M T U B K Q K
H R M H E N X O T A F K N V L A L R X P K J T S E C Y C K P
X O S H E A R A S E D O O G H T C L R X R I I Q G D A T H
M I B Y S C H P L K X H O W E G G V E W T J E C T I Y R S W
N N X X J H V D R P R Q T R M B V X S M R N A L V V E E K Y
S E W G K G L A N S X O H B G V M T B D R F Z A S T M X M D
P J G N Q I M L C L I J P Z T G K J S V D E D G S A Y E L R
B S E D U N Y C H A P P E L L E E M M E T T I E J O Z L E G
G H G K A K G D A L Y M A Y N A R D P K I L V S P M I E O F
Z L C E C M P W C Q Z X K F W A O X K A B L I T U Q L Q N H
E W D E P I G A N H O J I R I B A D W E Y T L H Y L A R N M
F F H E O X Y A L P T U Y N U W L H R S R Y E O I B A S O A
Y R F B B C Q P F C C R G J R F T T S U W B Z S L F I W S V
O M I W R B M L S K M E N W P S J E C S P N C P A L E C U C
O N P N Q Q J E N Y I J Q Q O U T C V Y T L Y H D U S M G Y
H K B F R A K D X N M G M R A A S H U S A W I K B V J E R U
C R J C G E H Z N Y O X C N G R H B J R K H G E T I D A E U
Z O Z W J T Z A B Q Q F X I E O E J E D D T C A O M R M F R
L I T C K D Y E V D Y S Z K W S U N E N R E U N M D B T S U
S E K R U E X V R D E E R G X L C I L A E N F L K C L A I B
T J R W L E V Q B I R J H L S E M J Q L W N G D N P V F H G
K F K S M X X M C N O C S Q K A K Z M O C E F Z Y C J A A Z
W C A W M S J Q G N G H N G M Z D L C R H K J Q E E Y G O I
W E U Q R P X V S F F W A K H V R Y X R A K S M L Q P U I Z
O B E N A B Q O Y H P L R B U X P O X E R R I Q X Q H W U S
Z F I Y Z W G H X U T A S X I T L J P Y L A I P E S L X U Y
T T R S U G B Y X E L Z M S J S Z C W R E L U S G H O H U X
W P F H R T J G N C Z D A B U K I L A F S C J T U K M U U P
A Z D K B Z D P J B A S A D F I O H W J I K A F V L Q S M T
N W M L V L N R U S Y M F I W R P Y E C Z K R Q E X O P Y T
```

Word List

CHAPPELLE EMMETT	CLARK MAMIE	CLARK KENNETH
CROSTHWAIT DAVID	CURTIS JAMES H	DABIRI JOHN
DALY MAYNARD	DEAN MARK	DREW CHARLES
DU CHAILLU PAUL	EASLEY ANNIE	ELLIS CLARENCE
EZERIOHA BISI	FERGUSON NOEL	FRYER ROLAND
GATES SYLVESTER	GOODE SARAH	GILBERT JUAN

BLACK INVENTORS #4

```
V C H K Y Y W K M H H A W K I N S L I N C O L N G Y O M F V
N W N C K D J S Y X H K Y R Y S R U C T A O W H P B L R L N
O H I D I Q V O M L Y I U S L R T E L P B R G S U S J S Z K
W U T N B R M D H U H T M C T E X C G P E X G S K H L J J G
B F D Y R A E F Y N P V S Y R G V Y Q X O Z J R N G L M A I
Q K E K F K G S E O S C T N U O L B N I F F I R G Q J W C W
O Q K V Y N J W I U L O L A D N H O J N O S K C A J B E K W
D J J I M O J D U V O L N W W S V W Y M I A M E O D E M S I
C E A V H V C C H K R Y L I T P H U E I C M F H T G X N O C
A X O C Y U W R V Q G A F L S M U P Y S M B V N R U F R N A
E J O D K T Z X G Q X Z J I A A L P E T X D L O K A C A M C
W A Q P Y S Y O D O A G S L C H A V B S I S E K J R W L A X
N T Z F J H O R Y F R R X Q S Y Z C F G O G Z J H B N T R C
C F M Z R O C N J C A E E O L C Y V A T T J H N X D H A Y K
O R Y J U J R F D J Q E I E B V M N Y N Y C S X U S N Y H N
E J D S C G F F G R M N N X J S K I A R E I C E E K F N I H
F I E Y B O G G H V W L N L J S J R R G L G O D V N W V E L
U C R N G V E G M E V I O M Q J G K O Z R A M N A A E S J A
B L O R N E I L A N H S L P W H Y E Z F I W F I M K R T A B
N T X B E I P J W R N A N L I J K T D N H Y D P H D A G Y J
H V F X E K N Z W V B G O C I A R I G F S H J G W Z V C S J
O T P K Y E Y G J Q B K S A K A A R C B R V U U J V R A D J
J K K L D A Z E S S P I N J S M M U V U D A M E I E R D V V
E I P J T B Y U L T P R H K Q X Y M H S N U V I V E P J A E
G E W I L M A S R L H D O W R W Y X Z E O B C M T B L S M J
D G A X F K U V F I O O J P U K H M E Q S Y Q R G Z I B P A
O U U X K D B J Q O C H M L N X C R N V K H E G N J V O B Y
H V E K H K P Y M P D R U A I B G X O O C K U E H Y Z F Q Q
X B C J H A R R I S J A M E S A L H E G A U V L G C Y G H K
P W T G B T S S V G O N C G P M Y R M S J J E B C Y Q L T V
```

Word List

GRANT GEORGE

GRAVES JOSEPH

GREEN LISA

GREENAUGH KEVIN

GRIFFIN BLOUNT

HALL LLOYD

HARRIS JAMES A

HAWKINS LINCOLN

HODGE JOHN

HOLLEY KERRIE

JACKSON JOHN

JACKSON MARY

JACKSON DR SHIRLEY

JACKSON DR WILLIAM

JARVIS ERICH

JENNINGS THOMAS

JOHNSON ISAAC

JOHNSON LONNIE

BLACK INVENTORS #5

```
Q K C E A D S K Y V C W N F Y M G L D F B I I P N G V K A G
A N O X A B U O K S Q J X N U D A O V F N E O B J C O M M G
J F D C M D E V A M O O R E H O B B S B A T L B V J O K C X
K V N P T A A W D A P V X K E X N R J C R K V E P G M I S S
J G W Z X V H F C Q K Z C T O Y D Y Q P W D L J N L B W R L
V I V I S K V O Z U B I N R O D C L X Z Y F E K U Y N L T U
L N O Y A E X D N U R H J Y H G O H G K T E E Q N T H P D U
C Y B D Q B H F L E O M C B A Y H E N R Y E R Y P G Z M L L
C F S J T X R B D J Y R U C V G O S Q B H V A N W P M A Y Y
O L P C J H Y E R N E , P T Q D P P Q U F U P J N E S T I H
N X S Q B I R E Q P K R M S D V V G F N E H H M Z T O Z D T
F F Q V F F T B N M H A S A A X F Y V C A S A L E T C E U X
L Y A H S R A A I J I G F A R Y F J K J B F E F R E B L G P
M S C E O I I E B K D M A I M Y K J I E J A L O J R E I F F
A O N H O L Y L R O L D V E H B K L K U U K C R I R N G Q U
I O W U U A R O Q U F Y Y S C B E N S S S Z A P K A I E M M
J C R J O X D K N B K N F E Y W T G J G A R B E G R R Q U
M L L M I U E O Q T Z W F K O M E W O E A X L G M N E J U M
D W C N L X J O X Z X L C C B R A V X L T E V P M A H A G A
Y N D C X R N F B S O O C G N E R J V Q M S F N J G T N U K
S Z B W N Y O R P A A M J E H G E U N M R Z V H K R A G W F
D K D R K C S T B M Z C S H S T F B F I M R Y V I O K I Y W
J R F B L L W H Y U G T X Y Q W C W E P K J G F X M N O O O
W P K K V S A Q H E T R R X Z X V Q D S X R P V S W O J P M
J K A R E B L Q U L I T N H J B C S D F T U U Z H A S U R B
U O X S I W E L B R E M I T A L D C K W X E P L J T N U R W
N T F I N R F C C E V A L U P Y K F K R U R V K C T H S O N
Q X Y Y G T G R H N Y V Z I H I P I F W Z J V E R M O S M X
S I Z B I C S F W Q N I K I T T L E S , R I C K N P J R T A
Z M Y R C T G U T Y I F F V J T V U O O W R W S D J Y G V S
```

Word List

JOHNSON KATHERINE
JUST ERNEST
LATIMER B LEWIS
LYNK BEEBE STEVEN
MCBAY HENRY
MCWHORTER JOHN

JONES FREDERICK
KITTLES, RICK
LAWSON JERRY
MAHONEY, MARY
MCCOY ELIJAH
MOORE HOBBS

JULIAN PERCY
KOUNTZ SAMUEL
LEE RAPHAEL CARL
MATZELIGER JAN
MCLURKIN JAMES
MORGAN GARRETT

BLACK INVENTORS #6

```
S W J E J A T M V O H S J Z K U F A F R G Z H O M T Q R R B
Y C O D U B H P C B M T Q E Q C D E E A S Y N E S F A W Q W
K J O Y A Y L K M Q H H M Y G K R D R U N Q K I V H L W X V
D X X R U M R Q R I L L I E U X N O R B E R T L U N Z R G H
V B E O U D Z K E K C L Q K F A T T D E I A S R Y S P H E I
T D N E G Q G S C N R E X A X B T S M N E T M A L P B Y L N
W W R P P H X W L A L Y Z E Y P O E T C K U K S B A Z B P O
P T S J Q J D D E V W F L B C I S Q I I P J F R J R K S Y S
Y U J H S J J E C N V A B K K S V L Y H F Z Z E Y O B O B N
H Q Y W M C O H L Y S X U D E A A R N J Q F D T Q J A W K A
G X J Q B R Y Q I E G U C J A R R F V F M T L T B U P E M K
I P D H F S I O L L L E L U E A D B U B Y B A E I Z P L F E
Q Z G N S Z L I A V S L S K L J B H D E S Q C P E O K L K Y
U R E D A D M N X I E J R N W A G W J A W J M U I V F T D O
X R Y C O T A U R S S A O A I B D F M H T J S N R M M H T Q
C S D S T S F P S D P S A H Z W E M A S P D D P E E H O R U
N N E L T R O U Q X N U C R Q R O N Q H Z E U I O J N M B A
V Y L R Y N R Z X I N R A N X N B E B K X A M K D U A A O R
J D U I G G H V B Y A H H G S C Z X Z T S C K U H C B S Y T
C E D Y V O E O W S I H J W K P E X E O B D K J L C K Z Y E
O R C F X M R S S S J B A J Z K L R O J V Y A K M R U L G R
H W H A F Q A O Z W M L Z F C D H E G B F T U L Q M E S Y M
Y I L L R P R T U I T G A M Y I X X C M Z Z J K F M W D J A
Y N H S O N N F N E S Y V T L N X B M A W J F B F B Y I B N
P D V M R L D L R X G P Q D X D Z M T Y W M Y Q Q N T B N A
L O T A T F N H Z I N X R T S T E E L E C L A U D E C B P L
Q W Y U H C E S D S P U D K S E M O R E J U G A I R N R P B
I C X E Z K V H Z D S M E N S A H T H O M A S Z E K R L L E
Q E X T J M Z A V O S P A U N R L A N V J V J Z L T F H T R
G C J U P N G F A G P O O P Q C X F L F T J R U C F T I V T
```

Word List

MENSAH THOMAS

OYEKAN SONI

PETTERS ARLIE

RILLIEUX NORBERT

RUSSELL JESSE

STEELE CLAUDE

MILES ALEXANDER

PARKER ALICE

QUARTERMAN ALBERT

ROBINSON LARRY

SAMMONS WALTER

STIFF LEE

NRIAGU JEROME

POINDEXTER HILDRUS

RENFROE EARL

ROSS ARCHIA

SOWELL THOMAS

SNYDER WINDOW

BLACK INVENTORS #7

```
F C T P A L V V I E S S A R G E D L I E N N O S Y T B O S K
Q O U U U V C A R L W W H L P T P K X R A J Z Y O M V R S C
D I R A F C B J R S E I K P F W O H M G X K B O S C D L T I
V Z N I I X W G W R L M L Z W C Q A J H V P X Y I U E C O F
J I E Q J Y Q T G Q A E Q K I I O Q G N T A Q C L O V X K N
N H R U M S X W K B T R Y Q I P L E R J V K M E N I A B M M
W C H A C I R R Q Z S P S C W N I L T T K K I Z N Y D Y E X
J G E S X O C J P E N L K V J V S V I E E N C A R P S X V A
A I N I V H T C L W F C S W H S S E E A A P A Y C X F R U A
O D R F L F O I P N W F P I I P G I R D M F T A A C J O V H
F U Y O W O O D S G R A N V I L L E S N W S B W N N N W T U W
A P K A A X Y D R W E F V Y Z X L M Z N E F S W V F R S L L
C A X J R I P S V C Y H B W U R A I L J E S N C C E I W A K
K P K L H E V R B V R I C M A I O E A S Z B T G O U G Z I W
O B U A E S E M A J T S E W L S T J R M W F H J M T H J X K
T C Y O M A Y C F L S E H L A N H Z K K S U I V R B T R Q T
Y B O A D D T Z Y W L F I A E T Y I T Q C W K N Z I J A K H
R N W H E G W S C D A W P E N M W Z N J T B A S C G A K X O
E Q X F N M X W I J F R K S N V Q O S G W T O L X O N M S M
E W F C Z E Z A B W X L D P G E Q P P L T P A U T C E U X A
B G J P V M R L S P E R O D V C I C N O Y O J R F E P Z E S
E E I W D P Y K K H S L W Y A W W V R H N Y N P P S R E A V
R D D R L R I E D E S V E Q U W O N I Z Z I H W D B C Q G A
N U P X O C G R U N W P I L P L N K G V H E R X A S C V E L
A Z M P W R S A P H L E W F P L V W B E S T F E B R D Y Z E
D Z S D E P A R T V A S S F O M Q F G X V A P P L J R O H R
E S J O I Q H T P D H F J K V U E L K X P L M N K A T E Z I
T E H L J H U H G V T Q J B O G D T F T Q Y Y O R S V P N E
T Q F H W U P U V A U G H A N D O R O T H Y Q X H C A D E Z
E A N Z N Y Z R D A J R I Y G N J R B L H B X Q P T A Q O R
```

Word List

TEMPLE LEWIS

THOMAS VALERIE

THOMAS VIVIEN

TURNER HENRY

TYREE BERNADETTE

TYSON NEIL DEGRASSE

VAUGHAN DOROTHY

VALERINO POWTAWCHE

WALKER ARTHUR

WARD DAWN

WASHINGTON WARREN

WEST JAMES E

WILKINS ERNEST JR

WILLIAMS DANIEL

WILLIAMS SCOTT

WILLIAMS WALTER

WOODS GRANVILLE

WRIGHT JANE

BLACK NOBEL LAUREATES

```
T A N Y R K T I R N E L S O N M A N D E L A F Q D Z W P D S
R J Z A C Z D J P D U D Q N B K O T D V S Z R W X I M J B U
U Y M U M J Q A E W W Z I G I G V Q Q T I G T T S S V S S N
M T T K C A M H E H C N U B H P L A R S V U T R B K Y L A V
F F A W K L B M K J R V F P Q E F D E M H A Y I B A V N J K
A A Z W L B O O K L O V O A L S A T I R Y Y K B G G N Y B I
V N E N A V W N K I G L S Y C Z H M O I E N R B V A R C N R
Q D B L R K Z P X C Y F P U Y G O F R N O P Z S I V I G O N
J F Z S R Y E M C N A O S X H J J S G W I X Q F N Y L F N D
R Q S M L I M L I I X R Z U E H Q G K Y R M O Z R G P A E I
Z J B Q Q M S B K C Y P A X L L R G H D E K O R T S E S S V
B V E C O V U N F A X L C B G R R H L W Q R W R W J R I C O
I B G S X I D G E W R H L E Y M A H G B O W E E R Y H C W M
D R Z N G Y U P F L Q M F O G G J V L Y V G I B E I X D C G
R Z K A A W Y K A N L S A O N B H N G L S J L N V Z S K R C
I L U T U T D N O M S E D N O D Y H U M T H V S K O P O S H
G D A T P P J L A X H P L M Z H V H A Q P A D K A O L R N T
W E K F X Z A K H T R U H W S W O L E S O Y I N K A Q B H N
R R L W Z E N R L I A H T A A M I R A G N A W C U I T R I F
W E V O D G P J U A J F Y K H O Y N T K Q V O A C L K T G V
B K S L C E L Z T N N F D W A R T H U R L E W I S D V X E N
J W T Q C W M C H G V R I P X Z E O B Z J B O H V V K B B M
O A W E G K I V E W F F B T R O L W T Q E K S Y C Z J Q K V
I L W O Y U S O R E S F Y Z Z Q F H O N Z Y M A E D N K C F
T C G V N M N S K A L B E R T J O H N L U T H U L I Q C M J
D O W Z I S M F I W O I T R D B G J A Q A P V L L B D M K T
U T V M I I L Z N D T S L I C U R A N W A R E L S A D A T F
A T X C V N F U G D S E G X U L C H D K C J R P N E E Z N C
R W P T U E Q N J T N B X H B F B I Q G C J I Y Z O R U S W
A P E L B D X X R V U Z M Z G Y Z Q Z C G G Z V C H T R J G
```

Word List

W ARTHUR LEWIS
TONI MORRISON
LUTHER KING JR
KOFI ANNAN
ELLEN SIRLEAF
ABIY AHMED

WOLE SOYINKA
RALPH BUNCHE
DESMOND TUTU
WANGARI MAATHAI
LEYMAH GBOWEE
ANWAR EL SADAT

DEREK WALCOTT
ALBERT JOHN LUTHULI
NELSON MANDELA
BARACK OBAMA
DENIS MUKWEGE
TAWAKEL KARMAN

INVENTIONS BY BLACKS #1

```
Q S I S M L Y L H Y O R P Y U G H P L I X C D E K G Q N W W
U D B L B D S R S Z I O M C Y O N P Z A C D P B Y S Y M B C
W D N L E H M A S A Y M X Y K E T R D P S H R U P F F Z I E
D G Z C J T N B U V A T A I W D Z Z D S Z Z D J A W G O C I
J P X C R Z U O I T O N X Q O Z X Q H O F Z L J A G S A S E
L V F R M J C P F R O I D K P D R R S A D T T Q S Z N M N O
G I E T B I T G S G P M W F A R E W O M N W A L X R G D G V
N B F F M O B R A E P P A P O Y J Z A W S J O A U H B D V E
B R L D D U L P Y J E K L T R N A S U W I R A F Y H D K J M
F H U I N B W A J G C P O D I H E V B O L U G T X X W R A S
U H Q H M G F J Q I V F S F V C L P S H T N Q R Z L N R F H
L I G F R P P Z H J T E Q B L Y G N L O I M A I L B O X W P
N P D E A O T U I M H I F F I E Z E M T B R O E Q G D E I X
P E E Q M K Z R F T M F Q J Y X I A A I K Q H V B R L V E D
W I U A C G E I O N X K F W J P T E L R L Z B Y J Z O C A N
T H G P C O S L P U M H P N X I H U A Y S X S S V E V X T H
R C A C B E C B Q F F J M S C S G O W A B H W Z P R B G D H
D Z O O L A M I H N W J A E A Q C M N O B B I C D O T R B X
U D I U O G Q A A R P C L G M D F C S U T F S F V F A Y Y M
G M S E O R Q P K J B E C S M S P V P V W T Z K T O V T A O
O G K I D R F Y J E V G I M D O A Q R K V J Q I B F Y Q E E
L S T S B W S C O A R A R O K I D A I A V G F G F C E W M O
F D V M A W Q U T Q N S T E I G F Q N L C D N H Y D C F J K
T J L Y N K Q O X P F M C N D T Q G K W F I W I R H F G F A
E L F C K D R K W J T A E P Z D W I L N N S K B Z Y V T H W
E S R I R D N Y H W H S L Y F J K E E O Y Y O W U K T X G Q
N W N Z O Y I I O B X K E P M O D E R N T O I L E T L J K I
N M H O R R N S O H Y W D M C H Y I R A R H X E E E L N A W
I Y R J Q O A F M K W H M G E T U C E H E U D U R H G I I N
G T X E D U S T P A N V L I N A P X F O L D I N G C H A I R
```

Word List

AUTOMATIC GEAR SHIFT	AUTOMATIC ELEVATOR DOOR	BLIMP
BLOOD BANK	CLOTHES DRYER	DUST PAN
ELECTRIC LAMP	FOLDING CHAIR	GAS HEATING FURNACE
GAS MASK	GOLF TEE	IRONING BOARD
LAWN MOWER	LAWN SPRINKLER	MAIL BOX
MODERN TOILET	MOP	PEACE MAKER

INVENTIONS BY BLACKS #2

```
R E V E R S I B L E B A B Y S T R O L L E R K P Z A N Q G B
N X P U B Z Y J E K D M S C E J E M V F Q T P K I N T F O Z
X A C M P I P A R L A H Z R G V C B J O H U M D C V T Q D J
T X O C J X E B F R E O K O E O J S C G W U P P R U H G Y I
P A A W A R J Y T M I C N Q Q D G C I N T L A E L N E P A A
T B T Z K N F C J N K Q T W R K N L F H B L N W P Q D S R S
Q S A N I T A R Y B E L T R Z J C E E G K H J E S S V D P L
F I B E R O P T I C C A B L E I P R P Z V M Q N C I H I L G
R R U M J H D R R D N E Z D F T M L Z S X X I A K E H W U I
T E U Z S I Q J C G Q S R F M O M O X Q U F S X V C B F B G
R O D W Q W J U F Y M Y A E S U Q I S Q K S B Q O Q N U J A
O E U L E P H Y Z F Y R O T K W R X C V Q G P T D L E C B H
M G F C O E J F L Z T H A E F A J A H R K A A A K M E R A E
G E V R H H I I R C L T E A O M O C Y J O T Z Z Z F N H I R
Z I T K I - E P J P R D I E P Z U S E I O P A S V I T A A T
C X X S Q G T U V Z G Z W R Z W G P R P L D H F C Z F L W Z
A Z R L Y V E O S Y Z A G T G C W U A E Y G P O M W J A F C
R J K S C S P R N S M D S N H R A Z M I P X G K N I T F G H
B D W W Q V Y W A E I T W A T S Q N A Y B U K M D E E F W I
O P I H P R V T K T T T F F Y N W T V F G S S U V S Y J J P
N I F I E K Y F I I E E L O R T N O C E R U T A R E P M E T
F H O V R I J X D R B D L M B W E E J D A E E A Z M C U Y M
I V O N B X X S J F U C T E G C N O A R M F E Y W X E S P T
L T J C Q W H R K Y V C V R P N T F L Y P X E Q W A X G S K
A E J E P I O T Q P Q Y E H U H H D O L J E T M K B J K E T
M W P H K O H S Y J S K P S B C O F Y R M C A C A M B K Q J
E F L K J J Y O W A F T V E S E I K N E E Q E V U P Z J Z J F
N Y J L D C P V U T M O D G I M E U E L P O G W I A Y T P M
T R W R O D Q F W Y A V I R P F O R W E Z M I Q F C P E V J
V L R Q U Q C S G H I M R M U D S H C O L O R I B M P C T L
```

Word List

POTATO CHIPS
SUSPENDERS
TOUCH-TONE TELEPHONE
REFRIGERATED TRUCK
GIGAHERTZ CHIP
VOIP

REVERSIBLE BABY STROLLER
THERMOSTAT
TRAFFIC LIGHT
ELECTRET MICROPHONE
FIBER OPTIC CABLE
SANITARY BELT

SUPER SOAKER
TEMPERATURE CONTROL
HOME SECURITY SYSTEM
COLOR IBM PC
CARBON FILAMENT
TISSUE HOLDER

BLACK ASTRONAUTS

```
P N Z V F H V U S D F U R M U B R R E V O L G J R O T C I V
K O M Q B Z J L G R U P C R U J S R N Y E S I Q I Q X C X J
O S T P J S J O O R N V N A S I D B A V J N W S Q H B C V A
E L K S L P N I A H O C T I Y P E M A E J E M I S O N X I F
J I O H S U J W C N A B R G J G F S R D N G R W D R C W F R
L W Y L P T C K V L H R E F Q M S F B H N T E J P V Y B E E
O E H K Z I U H D C A I W R L T U H C U E S H B P W B D O D
L I U O I X V P A H E W G Q T H X F B S P T C V Z W N W I E
W N O Q B R A P A R X A G G V C Z I K P F H T Y P G T B D R
K A A R D Z M D V Q L Y W M I K U P N K S N A V A F T R X I
B H J O U O R V L E V E U I M N V R U S I X S H J L O J O C
H P G C F A M I F N I S S D N S B D B B R L T Q M F Q B O K
J E I U N Q W F R Z A D Y B B S K O N E P M R U U I U A M D
Q T O R Q D Z Q V W E X N O O D T E T W A I E L J H Q P Z G
G S E S V V V Z L B U J W K L V O K H S M B N T M X R C R
Q B E M P M O H G I K W J Q H M D S N N A N O T I L U N U E
C E G X W N T A I C I X M B R I O E I E O M R Q Z R O Z B G
P G Y T T E C U V Y U L X Z R C D K N I S G C Y W Y E T J O
G T Q M G E N H G U Z Q L I H H T M U E O C E L Z E P O V R
E P Z B N J F J B U Y R A B V A L G S R J V O T J N S V O Y
Q D Q N K Q W S C P Q N P A W E X V M S U Z Z T D S H R W G
U G O R N E R V B Z C X M A X L G F M D A M L G T E X L V T
N V V C U U Q Z K M T U C V W E G L E L A N D D M E L V I N
Y O I F D D J T D A J I A A H L I P Z Z U I B N A X J S R N
W G M Y R I T L R J S Z P W N B I R J C J M F Z X Z W B I I
C D W L H Q A J U S D N O S R E D N A P L E A H C I M Z V N
Z V R Q V N L W E C M X D G Z L T Z M J L J P A J K K A D F
S V Y D O B D J D U D W Z X W T H A V O T F R Y Q X C S Y T
T R S R B H E A L V I N D R E W O V Q M Q G O T D G K U I E
J L F X T U W L W K Z M K N X Z S K E X U J L Q B P O R Z W
```

Word List

GUION BLUFORD

CHARLES BOLDEN

WINSTON E SCOTT

STEPHANIE WILSON

LELAND D MELVIN

MICHAEL E. BELT

RONALD MCNAIR

MAE JEMISON

ROBERT CURBEAM

JOAN HIGGINBOTHAM

ROBERT SATCHER

YVONNE CAGLE

FREDERICK D GREGORY

BERNARD A HARRIS JR

MICHAEL P ANDERSON

ALVIN DREW

VICTOR J GLOVER

JESSICA WATKINS

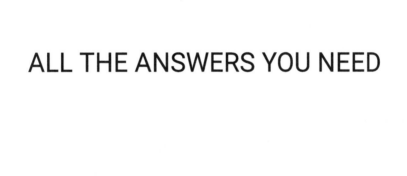

AFRICAN COUNTRIES #1

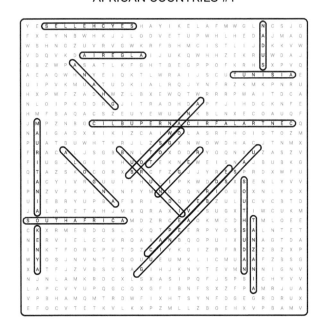

AFRICAN COUNTRIES #2

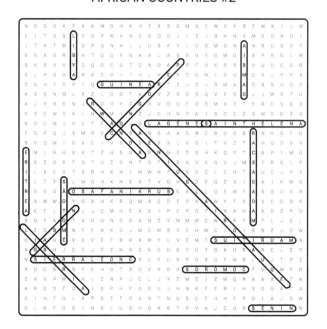

AFRICAN COUNTRIES #3

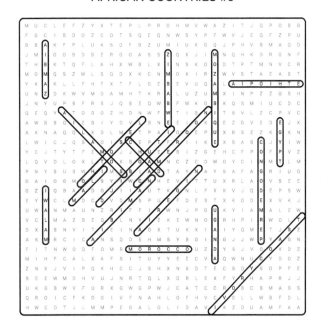

AFRICAN DANCES #1

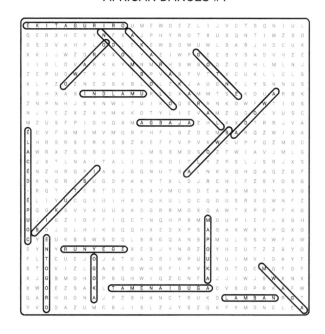

AFRICAN DANCES #2

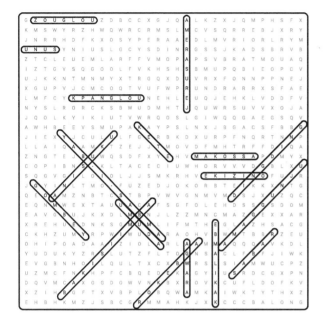

AFRICAN LANGUAGES #1

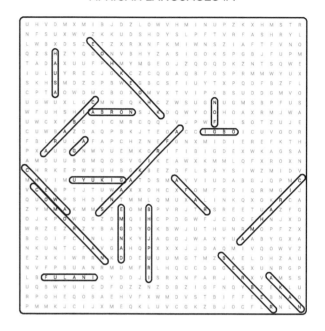

AFRICAN LANGUAGES #2

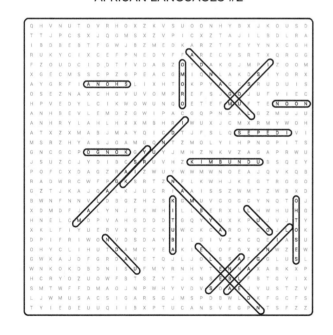

AFRICAN LANGUAGES #3

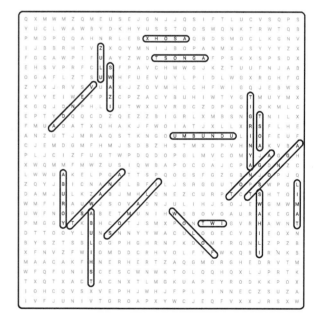

BLACK BOYS NAMES #1

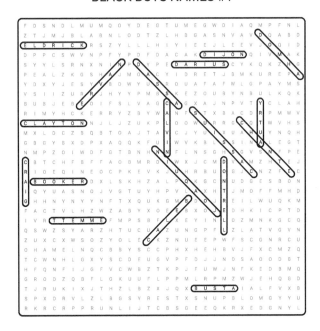

BLACK BOYS NAMES #2

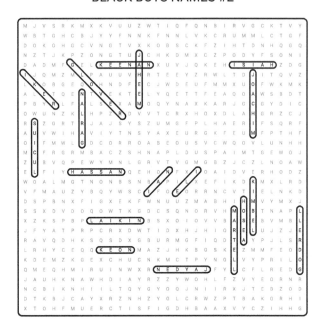

BLACK BOYS NAMES #3

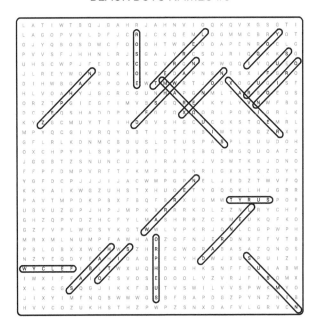

BLACK GIRLS NAMES #1

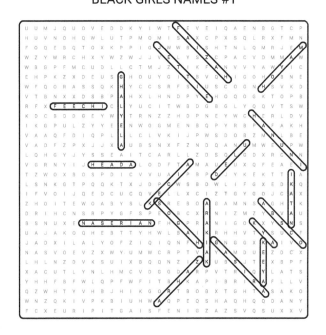

BLACK GIRLS NAMES #2

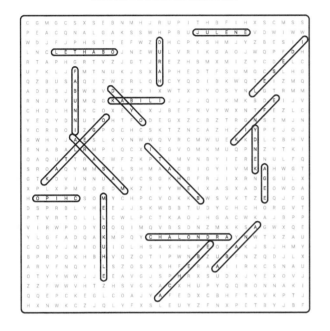

BLACK GIRLS NAMES #3

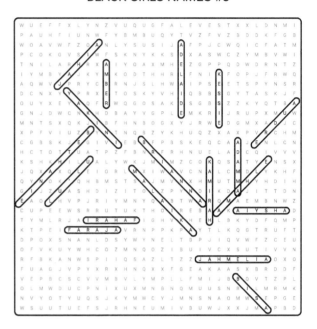

BLACK GIRLS NAMES #4

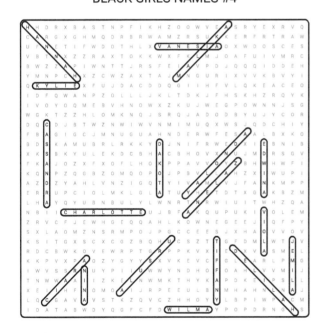

SOUL FOOD AND DISHES #1

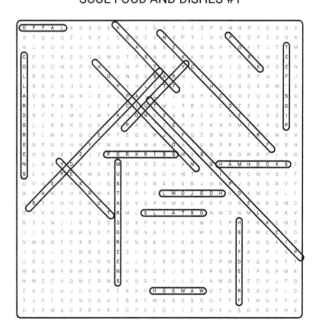

SOUL FOOD AND DISHES #2

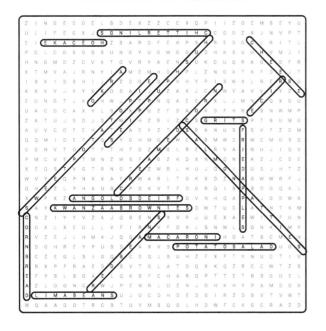

BLACK WOMEN HAIRSTYLES #1

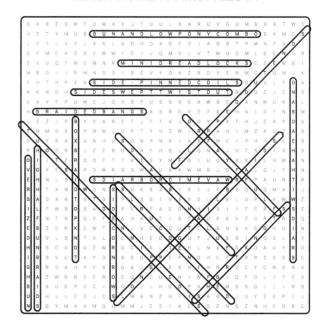

BLACK WOMEN HAIRSTYLES #2

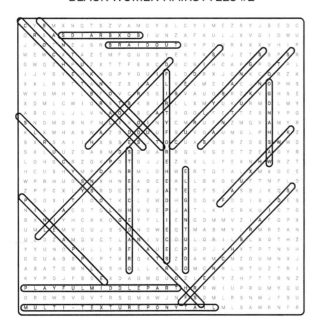

BLACK WOMEN HAIRSTYLES #3

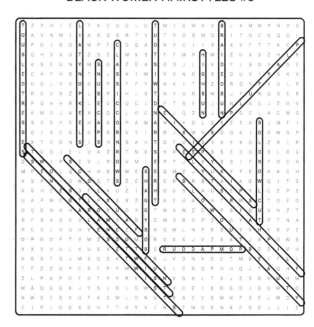

BLACK WOMEN HAIRSTYLES #4

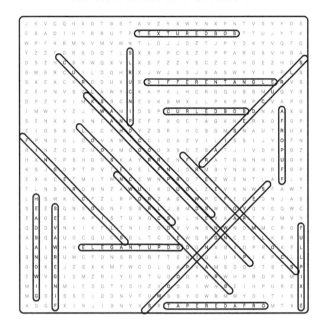

BLACK MEN HAIRSTYLES #1

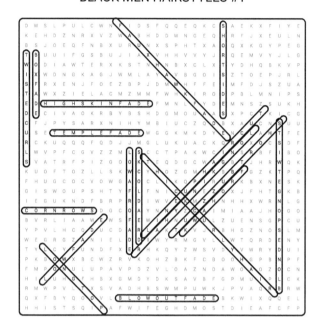

BLACK MEN HAIRSTYLES #2

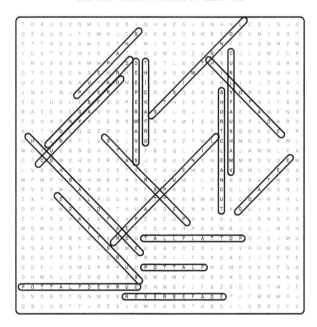

BLACK OSCARS WINNERS

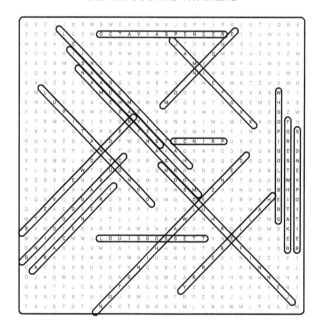

AFRICAN AMERICAN MOVIES #1

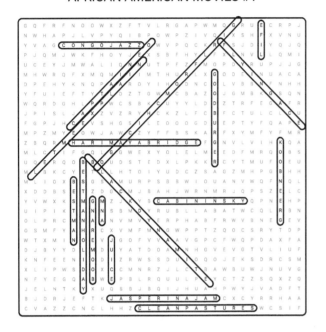

AFRICAN AMERICAN MOVIES #2

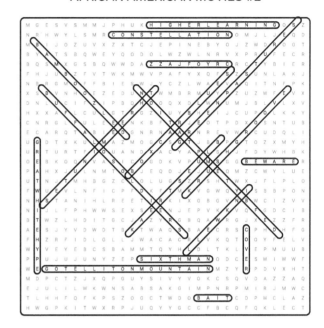

AFRICAN AMERICAN MOVIES #3

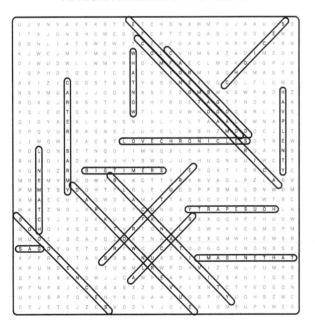

AFRICAN AMERICAN MOVIES #4

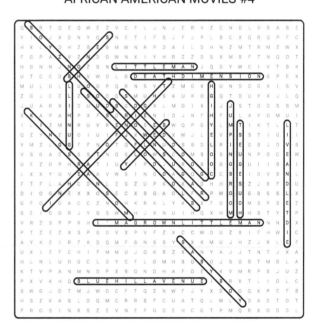

AFRICAN AMERICAN MOVIES #5

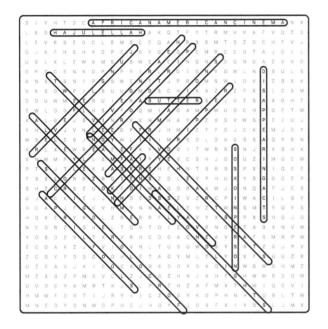

AFRICAN AMERICAN MOVIES #6

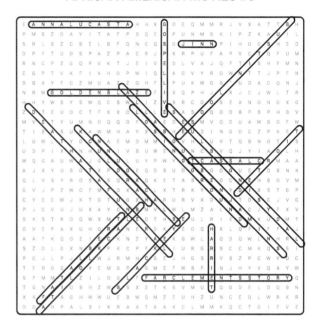

AFRICAN AMERICAN MOVIES #7

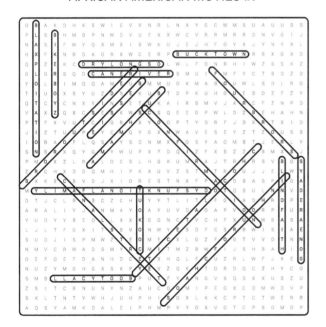

AFRICAN AMERICAN MOVIES #8

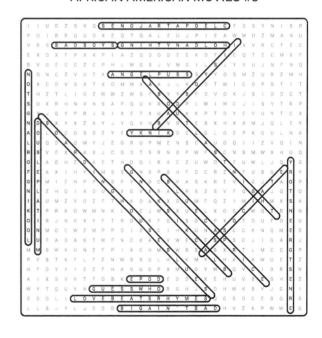

AFRICAN AMERICAN MOVIES #9

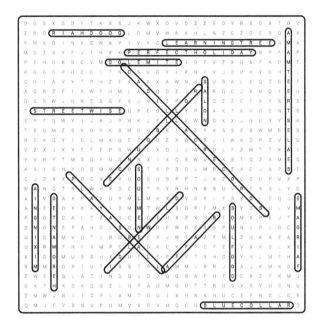

AFRICAN AMERICAN MOVIES #10

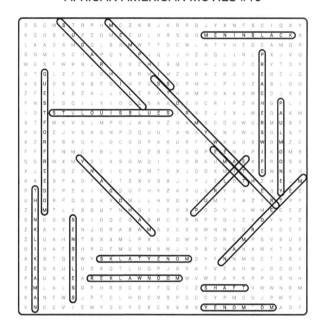

AFRICAN AMERICAN MOVIES #11

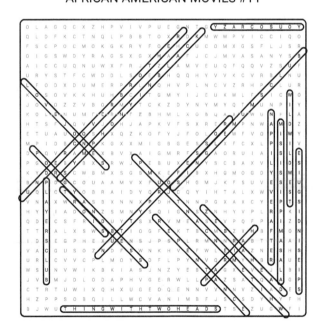

AFRICAN AMERICAN MOVIES #12

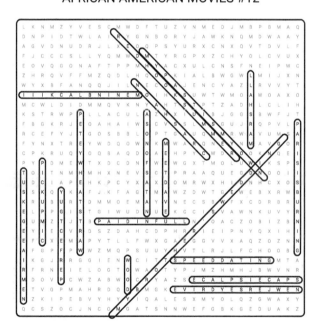

AFRICAN AMERICAN MOVIES #13

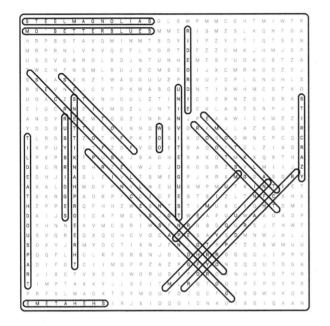

AFRICAN AMERICAN MOVIES #14

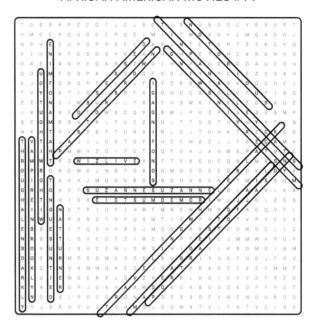

AFRICAN AMERICAN MOVIES #15

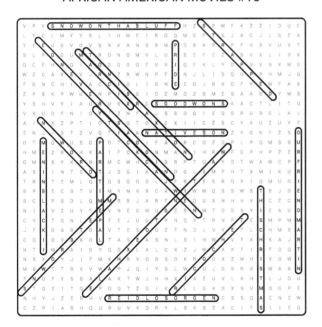

80S BLACK SITCOMS

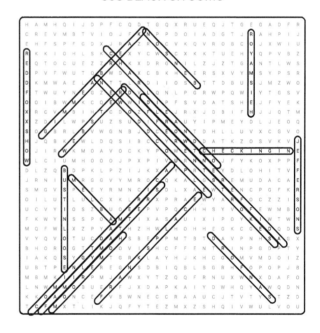

90S BLACK SITCOMS #1

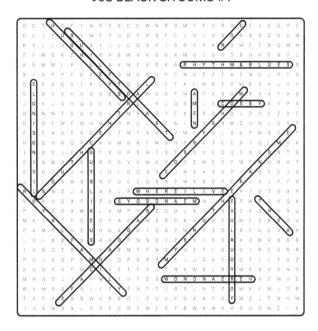

90S BLACK SITCOMS #2

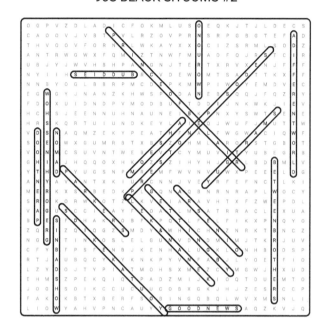

90S BLACK SITCOMS #3

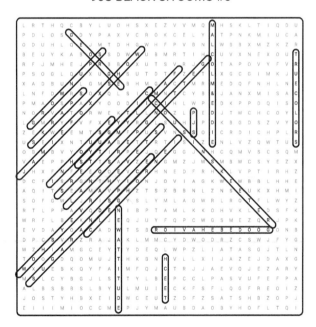

AFRICAN AMERICAN CARTOONS

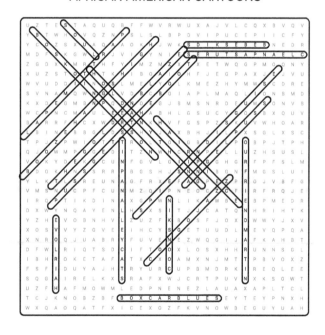

FAMOUS BLACK MALE ACTORS #1

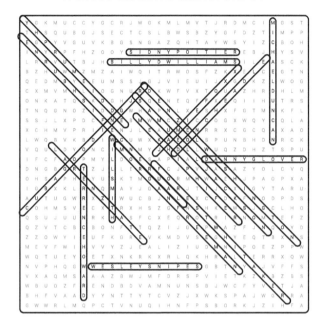

FAMOUS BLACK MALE ACTORS #2

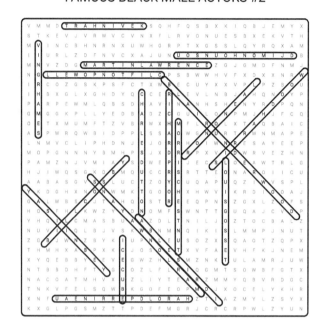

FAMOUS BLACK ACTRESSES #1

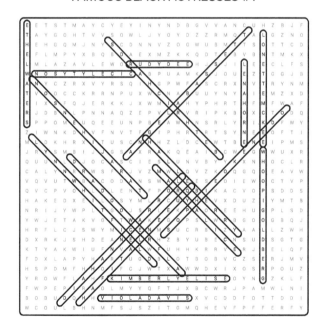

FAMOUS BLACK ACTRESSES #2

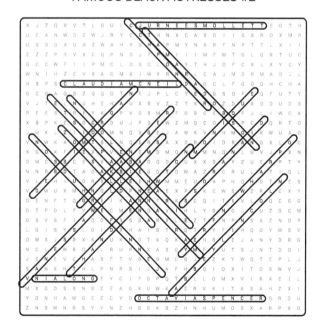

FAMOUS BLACK COMEDIANS #1

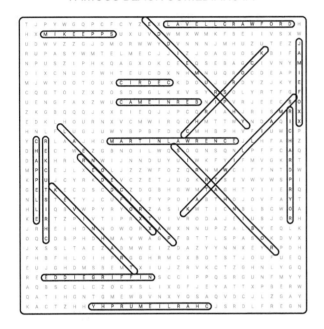

FAMOUS BLACK COMEDIANS #2

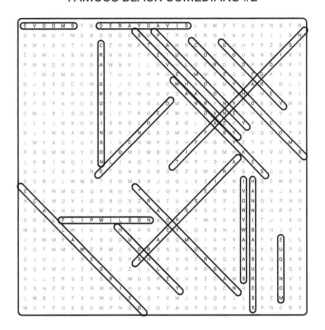

FAMOUS BLACK WRITERS #1

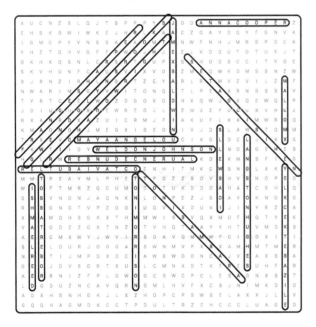

FAMOUS BLACK WRITERS #2

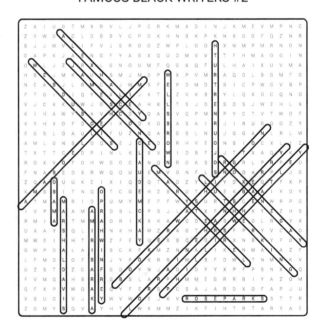

FAMOUS BLACK SINGERS #1

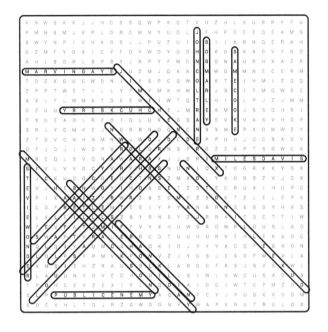

FAMOUS BLACK SINGERS #2

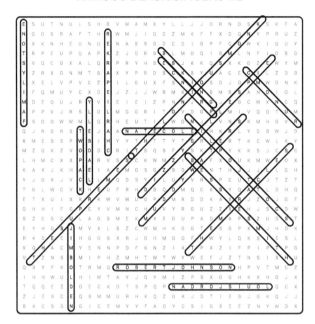

FAMOUS BLACK SINGERS #3

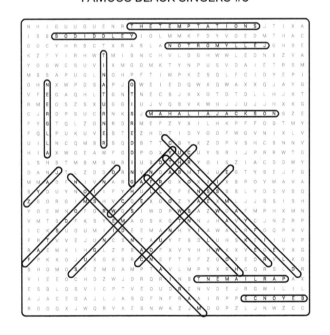

FAMOUS BLACK SINGERS #4

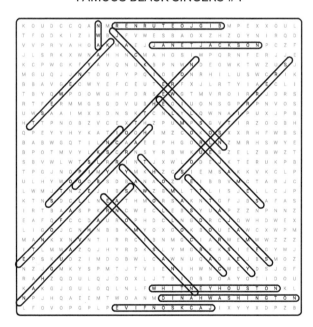

FAMOUS BLACK SINGERS #5

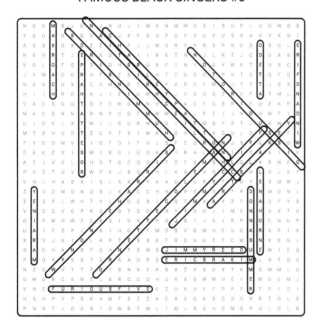

FAMOUS BLACK SINGERS #6

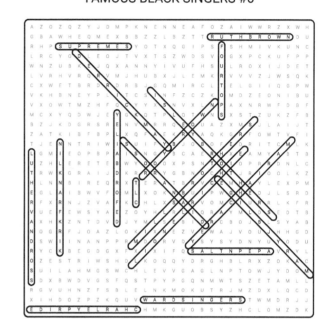

BLACK MUSICAL GROUPS #1

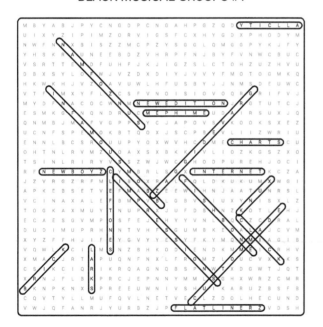

BLACK MUSICAL GROUPS #2

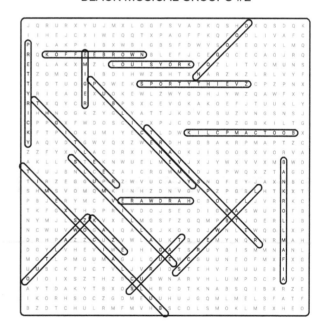

BLACK MUSICAL GROUPS #3

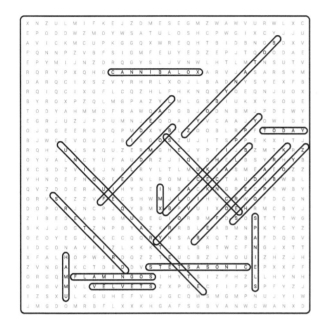

BLACK MUSICAL GROUPS #4

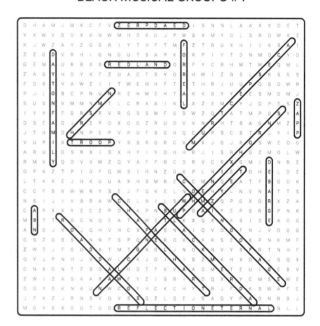

BLACK MUSICAL GROUPS #5

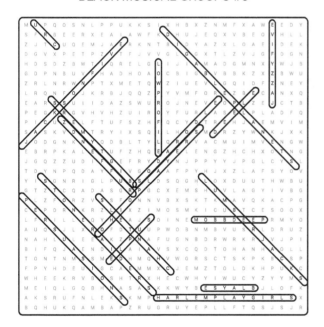

BLACK MUSICAL GROUPS #6

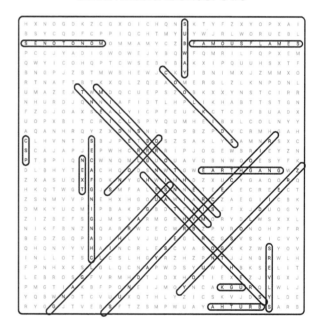

BLACK MUSICAL GROUPS #7

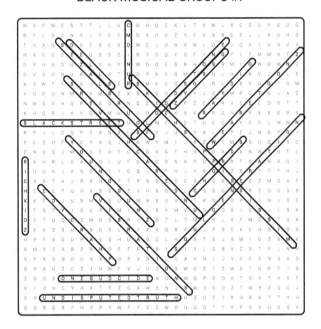

BLACK MUSICAL GROUPS #8

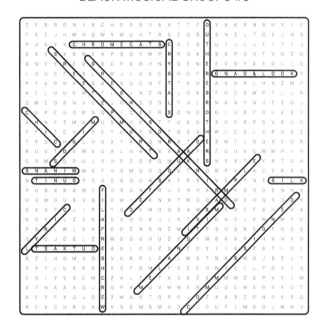

BLACK MUSICAL GROUPS #9

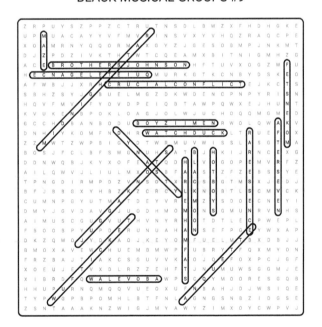

BLACK MUSICAL GROUPS #10

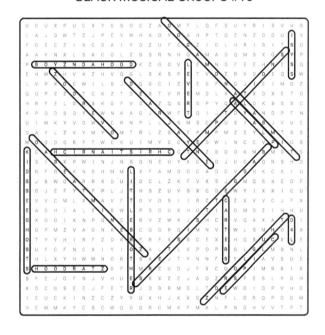

BLACK MUSICAL GROUPS #11

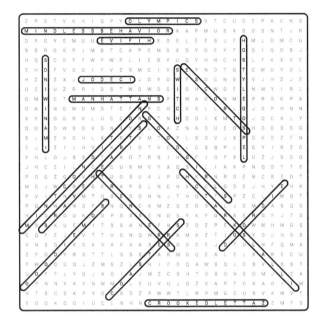

BLACK MUSICAL GROUPS #12

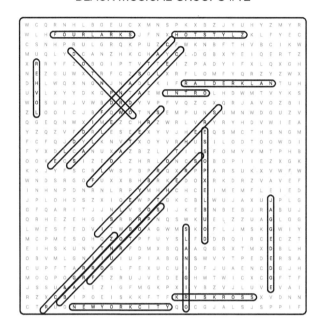

BLACK MUSICAL GROUPS #13

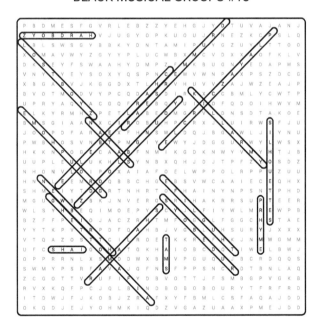

BLACK MUSICAL GROUPS #14

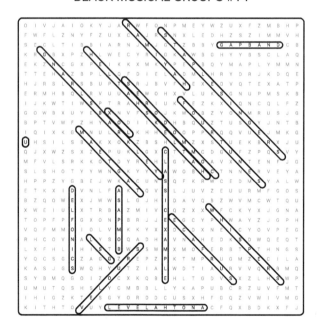

BLACK MUSICAL GROUPS #15

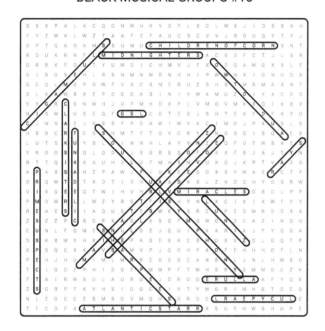

BLACK FEMALE SUPERMODELS #1

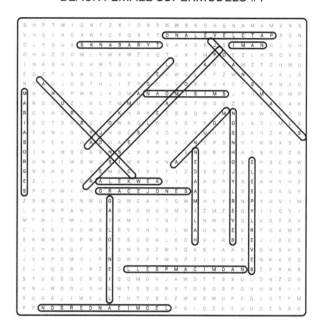

BLACK FEMALE SUPERMODELS #2

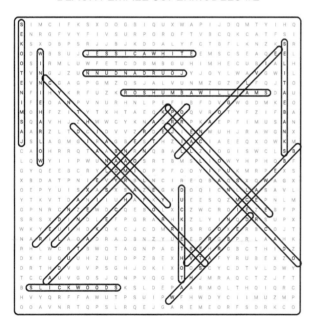

BLACK MALE MODELS

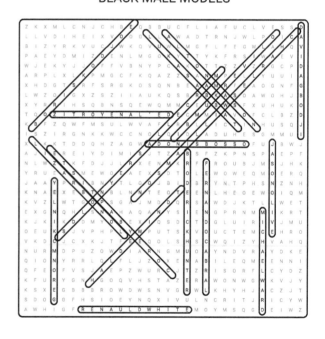

AFRICAN-AMERICAN SPORTS FIRSTS

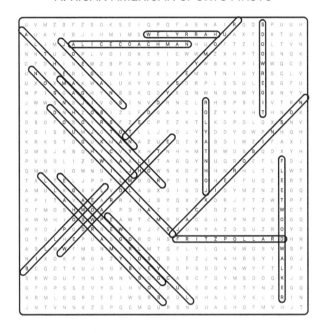

FAMOUS BLACK BASKETBALLERS #1

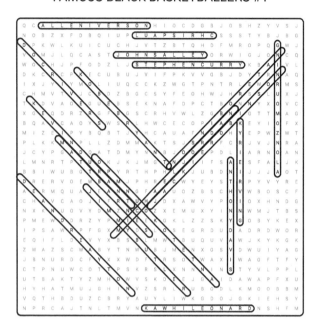

FAMOUS BLACK BASKETBALLERS #2

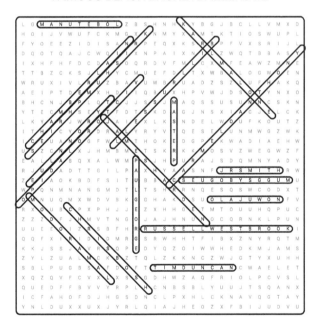

FAMOUS BLACK BASEBALLERS #1

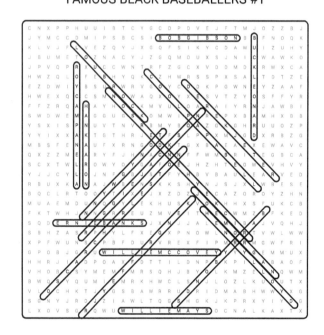

FAMOUS BLACK BASEBALLERS #2

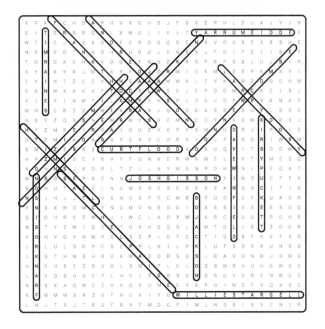

FAMOUS BLACK NFL PLAYERS #1

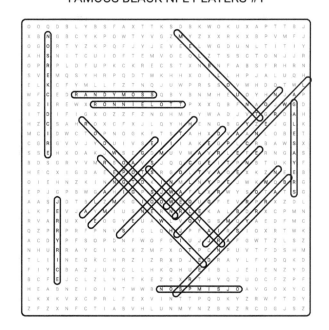

FAMOUS BLACK NFL PLAYERS #2

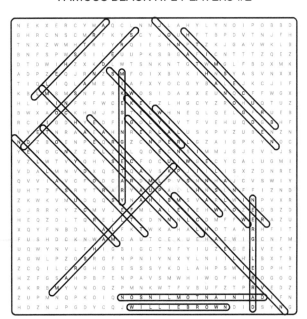

FAMOUS BLACK GOLF PLAYERS

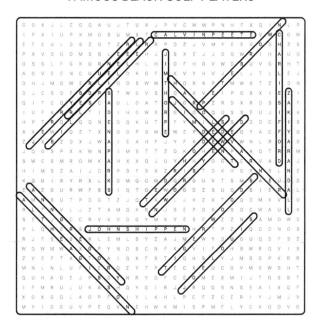

FAMOUS BLACK TENNIS PLAYERS

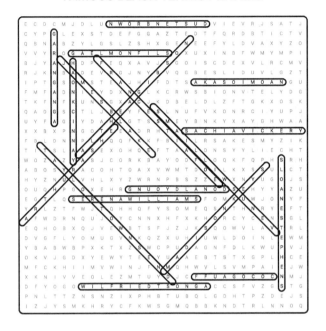

FAMOUS BLACK BOXERS #1

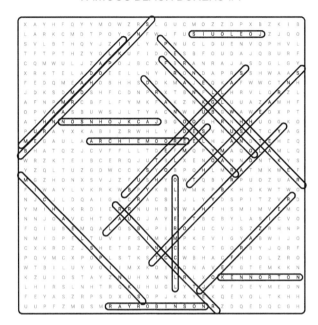

FAMOUS BLACK BOXERS #2

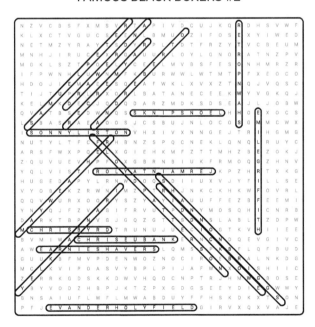

FAMOUS BLACK CHAIRMAN & CEO'S

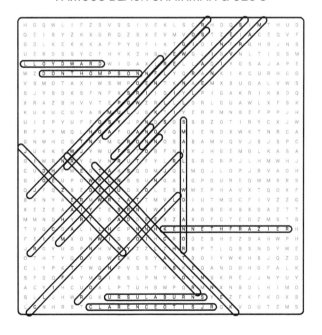

BLACK NATIONAL LEADERS

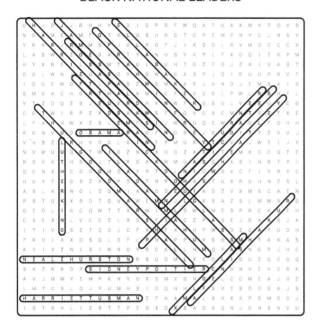

BLACK INVENTORS #1

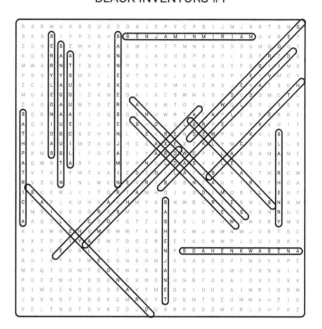

BLACK INVENTORS #2

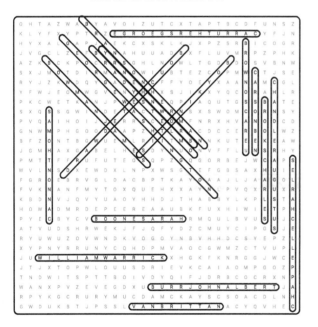

BLACK INVENTORS #3

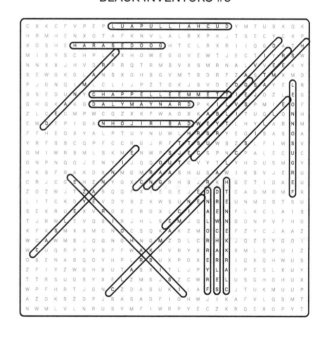

BLACK INVENTORS #4

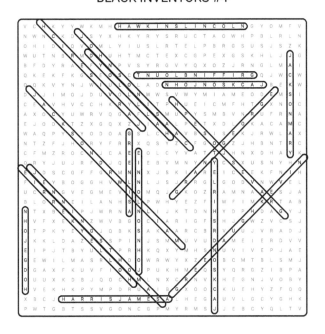

BLACK INVENTORS #5

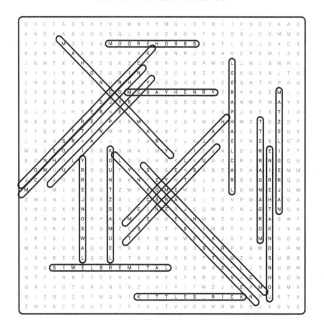

BLACK INVENTORS #6

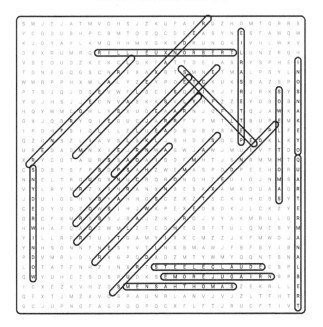

BLACK INVENTORS #7

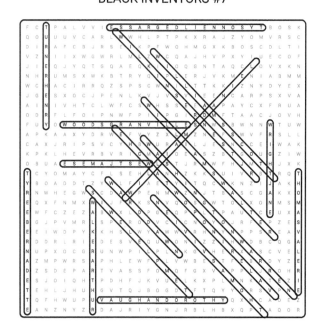

BLACK NOBEL LAUREATES

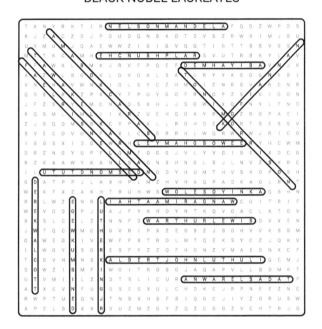

INVENTIONS BY BLACKS #1

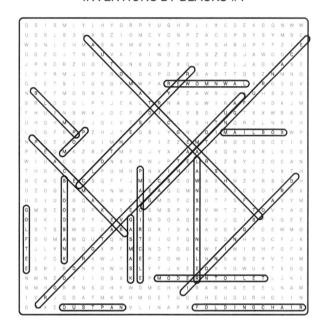

INVENTIONS BY BLACKS #2

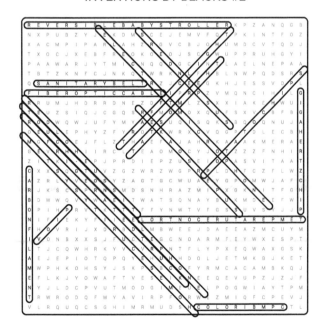

BLACK ASTRONAUTS

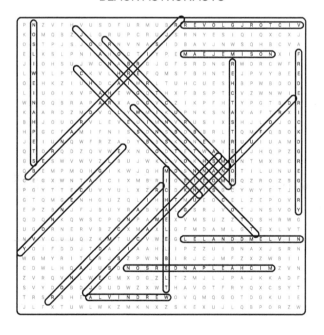

Made in United States
Troutdale, OR
05/19/2024